原生家庭、安全感与自我疗愈

それは、
"愛着障害"のせい
かもしれません。

[日]中野日出美 著
沈于晨 译

北京时代华文书局

图书在版编目（CIP）数据

原生家庭、安全感与自我疗愈 /（日）中野日出美著；沈于晨译. -- 北京：北京时代华文书局, 2024.7（2025.9 重印）

ISBN 978-7-5699-5389-3

Ⅰ.①原… Ⅱ.①中…②沈… Ⅲ.①家庭关系－社会心理学－研究 Ⅳ.① C913.11

中国国家版本馆 CIP 数据核字 (2024) 第 039903 号

SORE WA, "AICHAKU-SHOGAI" NO SEI KAMO SHIREMASEN.
Copyright © 2019 by Hidemi NAKANO
All rights reserved.
First published in Japan in 2019 by Daiwashuppan, Inc. Japan.
Chinese translation rights arranged with PHP Institute, Inc., Japan.
through CREEK & RIVER CO., LTD. and CREEK & RIVER SHANGHAI CO., Ltd.

北京市版权局著作权合同登记号　图字：01-2020-0505

YUANSHENG JIATING ANQUANGAN YU ZIWO LIAOYU

出 版 人：陈　涛
选题策划：陈丽杰
责任编辑：袁思远
执行编辑：高春玲
责任校对：初海龙
封面插画：月　芽
封面设计：程　慧
内文设计：段文辉
责任印制：刘　银　訾　敬

出版发行：北京时代华文书局 http://www.bjsdsj.com.cn
　　　　　北京市东城区安定门外大街 138 号皇城国际大厦 A 座 8 层
　　　　　邮编：100011　电话：010-64263661　64261528

印　　刷：三河市兴博印务有限公司
开　　本：880 mm×1230 mm　1/32　成品尺寸：140 mm×210 mm
印　　张：6.5　　　　　　　　　　字　　数：107 千字
版　　次：2024 年 7 月第 1 版　　印　　次：2025 年 9 月第 3 次印刷
定　　价：52.00 元

版权所有，侵权必究
本书如有印刷、装订等质量问题，本社负责调换，电话：010-64267955。

自 序
原生家庭的隐痛：
为什么我们总是没有安全感？

致正在感到不安的你：

"也许是'依恋障碍'在作怪……"

这是我在提供咨询服务时常说的一句话，同时也是本书的主题。

我是一名心理医生，主要利用潜意识进行治疗，二十年来，有三千多人和我分享了他们的内心想法与人生经历。

我的独创方法是以心理学理论"交流分析"为基础，再综合应用NLP（Neuro-Linguistic Programming，神经语言程序学）和艾瑞克森催眠法[1]。

在治疗过程中，我需要深度倾听并分析客户的成长经历。

我发现，许多在心理、身体和人际关系等方面有苦恼的人，或多或少都在"童年时期与养育者的关系"这方面存在问题。如果亲子之间无法形成健全的心灵羁绊，即所谓的"依恋"，就容易导致孩子在长大后产生身心和人际关系方面的问题。本书将其称为广义上的"依恋障碍"。

一般来说，依恋类型取决于人在婴幼儿时期和养育者的关系。但以我个人的分析与见解来说，我切实地感受到人在"童年时期与养育者的关系"同样会影响其依恋类型。年纪越小，影响就越大，这一点是事实。但是，依恋类型绝不仅仅取决于婴幼儿时期，即便到了一定的年龄，只要环境和人际关系对孩子的心理产生了极大影响，就很有可能导致他们之后的人生出现问题。

---

[1] 由"现代催眠之父"米尔顿·艾瑞克森（Milton H. Erikson）开创的催眠法。（本书如无特殊说明，所有注释均为译者注，后不赘述）

以前,人们总认为"依恋障碍"等心理问题来源于特殊的、悲惨的生活环境,但在现代社会中却并非如此。有些孩子即便看上去是在没有任何问题的家庭中长大的,但他们当中也有很多人没能形成健康的依恋,进而导致他们在之后的人生中出现了各种各样的问题,所谓的"毒父母"便是一个例子。我本人也曾饱受"依恋障碍"之苦。

"人际关系总是经营不善。"
"不知为何总看别人的脸色,总被玩弄。"
"自我肯定感低下,极易陷入消极情绪。"
"多次被背叛。"
"无法信任别人,因此无意与别人深交。"
"认为自己最好消失。"
"内心深处认为自己一定不会被爱、被选择。"

这些都是病患们的心声,他们深受"依恋障碍"的困扰而不自知,感到生活煎熬、内心挣扎。我也曾感同身受。

"依恋障碍"这一概念尚未普及,但其影响力极大，它会侵蚀我们的心理、身体乃至人生。"依恋障碍"的患者数量亦远远超出想象。

如果你感到生活煎熬，觉得自己容易受伤，没有安全感，人际关系很消极，却又找不到原因，那么很有可能就是"依恋障碍"在作怪。

曾经的我以及很多患者都对"依恋障碍"一词感到陌生，更无从思考如何克服它。"依恋障碍"患者只是一味地哀叹"我生在不幸的家庭"的命运，甚至因"我没有幸福的权利"而放弃人生，在那些没有答案的想法中烦恼、挣扎。

作为一个曾因"依恋障碍"而感到生活煎熬的人，也作为一名心理医生，我开创了"重建依恋疗法"，重塑患者不健全的心理羁绊，进而解决各种各样的人生问题。这种疗法在实际运用中效果颇佳，正如我在序章中提到的，这一疗法几乎令所有人从生活煎熬中解放出来，回归自己本来的人生。

本书中的案例均为我实际治疗的案例，为保护个人隐私进行了适度改写，且并不指代特定个人。

或许，你和对你来说很重要的人如今也在承受生活的煎熬，苦恼于活着这件事，在接下来的案例中，你会发现相似之处，甚至在阅读过程中感到内心刺痛。但无论是哪个案例的主人公，他们如今都以各自的方式走向光明，昂首阔步地改变着他们的人生。

接下来，轮到你展现了！

谨以本书献给那些深陷不安全感的牢笼、内心彷徨煎熬、自我肯定感低下、人际关系经营不善的朋友，那些尚未觉察到"依恋障碍"的朋友，以及那些意识到"依恋障碍"的存在却仍然不知所措的朋友。我真挚地希望本书或许能成为一盏明灯，照亮你们走向光明的人生道路。

日本心理交流协会代表　中野日出美

目 录

序 章 一切不安的源头，是"依恋障碍"在作怪

什么是"依恋障碍"？　　　　　　　　　　　002
"依恋障碍"如何让我们远离幸福？　　　　　005
"重建依恋疗法"：找回我们内心的安全感　　007

第 1 章 从原生家庭说起：我们的不安如何形成？

童年时缺失的安全感，人际困扰的源头　　　014
导致"依恋障碍"的五种父母类型　　　　　　018
　　孩子难以接近的"冰雪女王型"　　　　　020
　　时刻监视孩子的"无人机型"　　　　　　022
　　伤害孩子身心的"破坏型"　　　　　　　025
　　靠不住的"幼稚型"　　　　　　　　　　027
　　利用孩子的"韩赛尔与格蕾特型"　　　　029
摆脱原生家庭魔咒，解开依恋枷锁　　　　　033

第 2 章　我不能、我不配：为什么我们自我肯定感低？

做不到喜欢自己，便一心期待他人认同　　　　　　036
过度自责，真实的自己被隐藏、被伤害　　　　　　038
六大危害：自我肯定感低让我们反复内耗　　　　　040
　　恢复力低下，无法从失败中重新振作　　　　　040
　　一点儿小事就能引起情绪波动　　　　　　　　043
　　总是觉得自己没有价值　　　　　　　　　　　045
　　无论做什么都是丧丧的　　　　　　　　　　　048
　　做出伤害自己的行为　　　　　　　　　　　　051
　　为了填补内心空缺而导致成瘾性依赖　　　　　054

第 3 章　为什么我们的人际关系总在受阻？

深爱却迟疑，亲情最难断舍离　　　　　　　　　　060
有温暖的刺激，才有健康的成长　　　　　　　　　064
从"心理游戏"看"依恋障碍"　　　　　　　　　　067
不期不待，其实是无法坦率地接受爱　　　　　　　070
越执着于"被爱"这件事，反而越容易失去　　　　073
精神依赖：无法离开暴虐的关系　　　　　　　　　077
偏执的好胜心，其实是在和自己较劲　　　　　　　081

第 4 章　从受害者到伤害者："依恋障碍"的"遗传"特性

"依恋障碍"会怎样影响下一代？　088
　　成为父母的复制品，继续伤害下一代　090
　　以父母为反面教材，自己却成了孩子的反面"榜样"　093
如果没有克服"依恋障碍"就成了父母　096
缺乏温暖的"内在小孩"，如何长大？　100
被孩子"控制"的父母：过度保护不是爱　103
从我们这一代开始，治愈"依恋伤痛"　106
只要抱着改变的信念，就一定会改变　108

第 5 章　重拾安全感，找到成为"安全基地"的人

究竟什么是"安全基地"？　114
寻找成为"安全基地"之人的要点　116
如何摆脱消极的"心理游戏"　123
明确对待"积极爱抚"和"消极爱抚"　125
设定小目标，一步步走向理想状态　127
克服"依恋障碍"的关键：从依赖到独立和自律　129
发自内心地感谢成为"安全基地"的人　131

第 6 章　在自己内心建造"安全基地"

心态决定命运，用潜意识构建自己的心态　　134
建造自己的专属放松区　　137
从喜欢自己开始，成为自己的"安全基地"　　140
像"理想父母"一样，拥抱你的"内在小孩"　　145
倾听"未来自我"的声音：没关系，你真的很努力了　　147

第 7 章　克服"依恋障碍"，成为别人的"安全基地"

感情里，谁更认真谁就输了？　　150
主动去爱更容易幸福　　152
成长与改变，在于成为别人的"安全基地"　　154
内心安稳是对自己最好的回报　　156
在自己内心建造"爱之泉"　　158
不是互相依赖，而是共同自立　　160
爱他，就给他安全感　　162
给孩子安全的爱，让他开拓自己的人生　　164
即使离婚，也要让孩子继续拥有"安全基地"　　167
宠物也懂情绪，如何给它安全感？　　170

第8章 找回自我，修复童年伤痕

重建生命意义，寻回人生价值	174
意义疗法：意义即为力量	176
重建依恋，找到人生的使命	178
寻找细小的喜悦，填补依恋空间	180
存在本身就是价值	182
克服"依恋障碍"还是屈服于它，这取决于你	184
因为爱，因为被需要	186
为了那些需要你但还未出现的人们	190

结 语　你的诞生和经历都具有"意义"　　192

序 章

一切不安的源头，
是"依恋障碍"在作怪

/ 自我肯定感低下、容易受伤、无法与他人和谐相处……

/ 你可能没有意识到，这一切不安的源头都是"依恋障碍"。

/ 因"依恋障碍"而倍感烦恼与痛苦的人，其实多得超乎想象。

/ 初读本书，我希望先带领大家对"依恋障碍"有个大概的了解。

什么是"依恋障碍"?

我在自序中说到,很多人总是深陷于不安全感的牢笼,真正的根源在于原生家庭带来的伤痕——"依恋障碍",但"依恋障碍"其实可以克服。那么,首先让我们来探究一下什么是"依恋障碍"。

所谓"依恋障碍",是指因为母亲或其他养育者未能恰当地养育孩子,导致孩子无法形成"依恋关系",即孩子在婴幼儿时期无法与养育者之间建立心理羁绊,进而在情绪和人际关系方面产生某些问题。

美国精神医学学会的诊断标准[1]将"依恋障碍"分为

---

1 指《精神疾病诊断与统计手册》(*The Diagnostic and Statistical Manual of Mental Disorders, DSM*),该书在2013年已修订至第五版,对所有精神疾病重新进行了分类与定义,制定了更加精确的诊断标准。

"抑制型"和"脱抑制型"。"抑制型"指的是在和他人的关系中表现出过度的抑制,与之相对,"脱抑制型"则指的是即便面对陌生人,态度也过于亲昵。

"依恋障碍"的症状并不仅限于此,而是会有各种各样的表现形式,比如:恐惧他人、过度警戒、对自己和他人存在攻击性、晚熟、情绪不健全、行为障碍等。这些问题不仅会出现在童年时期,长大成人后依然会存在。

正如自序中所说,长期以来我以潜意识为切入点,向患者提供心理治疗服务。这些患者在身体、心理及人际关系等方面存在着问题。在咨询过程中,我深度倾听了他们的经历后,发现他们在童年时期与父母的关系是畸形的,而正是这种畸形关系阻碍了他们与父母形成健全的依恋关系,导致他们在成年后产生各种各样的问题,难以实现自律及独立。

随着包括忽视在内的虐待、父母离婚、家境贫困及缺乏教养等情况不断地增加,人们逐渐了解这些情况会导致孩子产生"依恋障碍"。但最近也出现了另一种情况,有些父母看起来非常疼爱、珍惜孩子,可他们内心潜藏的阴影也会成为孩子产生"依恋障碍"的原因,比如溺爱或过度保护孩子，等等。

为了防止"依恋障碍"出现，父母不能只一味地疼爱孩子。因为过度的保护会导致孩子碰到一点儿事情就受伤，无法成长为直面各种挑战的大人，这就相当于用一条名为"依恋"的绳索绑住了孩子，让他们永远待在父母的羽翼之下。

现代社会，很多人总是宅在家里，成为独居族，或是人到中年依然依赖父母，无法独立，成为啃老族，我认为这也是"依恋障碍"的表现。

"依恋障碍"如何让我们远离幸福？

　　正如我反复所说的，根据过往的经验分析，我确信人在成年后遇到的身体、心理及人际关系等问题大多源自"依恋障碍"。因此，在本书中，我希望从广义上来分析"依恋障碍"的原因、表现、产生的问题以及改善方法。虽然这些无疑是心理学方面的知识，但幸运的是，我在治疗中深度倾听、分析病患的经历，从而有机会了解了很多人的人生。

　　我希望在本书中尽可能地将这些东西分享给大家，详细情况我会在之后的章节中阐述。我们首先需要了解的是——"依恋障碍"的确给我们的人生带来了各种各样的不幸与裂痕。例如：

- 缺乏对他人的信赖感和自我肯定感，无法控制情感
- 无法构建良好的人际关系，反复地过度信赖与背叛他人
- 容易感到受伤，还会引发自残等行为

除此之外，"依恋障碍"还会引发抑郁症、身心疾病、恐慌症、人格障碍等状况，这些问题无声无息地侵蚀着我们的人生。

那么，我们是不是束手无策呢？

非也。如果采用正确的方法，最终我们一定能克服"依恋障碍"。这个"正确的方法"，正是我接下来要介绍的"重建依恋疗法"。

"重建依恋疗法"：
找回我们内心的安全感

"重建依恋疗法"除了能够克服"依恋障碍"，还具有巨大的重获幸福的效果。

我提倡的"重建依恋疗法"是在心理学的"交流分析"理论基础上，综合应用了NLP和艾瑞克森催眠法。具体方法是：首先，分析病患在童年时期和父母之间的关系以及父母的性格特质；然后，探索现有问题的成因；接着，运用各种方法帮助病患以其他形式重建曾经未能建立的依恋关系。

在过往案例中，这一疗法让三千余人摆脱了内心煎熬，他们开始享受温暖喜悦的人生。

在此，让我们来倾听一下那些克服"依恋障碍"后活出自我的人的心声吧。

"我意识到自己是在父母的忽视下长大的。或许是因为这样吧,我觉得自己平时对任何问题都不重视。我自己成为母亲以后,也没法儿从心底去爱我的孩子,如果无法按照我的想法去控制他们,我就会打他们,我现在真的非常后悔。但可能现在因为我自己改变了,儿子和女儿也坦率地说出了他们的心事。如果我没能改变自己,现在会演变成什么结果,我一想到就不寒而栗。"(四十二岁·女性)

"我小的时候,母亲有时对我拳打脚踢,有时无视我,有时又极度溺爱我,我就在那种毫无缘由的养育方式下长大。我明明应该很讨厌那样的母亲,但我成年后也没有从她身边离开,而是一边和她吵架,一边照顾她。老师说我这是因为'依恋障碍',我一开始不太相信,但当我觉察到很多过往的事情,逐渐得到治愈时,我明白了这是因为我的'内在小孩'(内心'幼小的自己')依然需要母亲的关怀。现在,我会和母亲保持一定的距离,更加重视自己的真心。非常感谢。"(三十九岁·女性)

"那时我和妻子的关系不怎么好，对工作也心生厌恶，于是接受了治疗。我觉得非常不好意思，成年后哭成这样还是头一遭。当老师说'这些眼泪不是现在的你流下的，而是你内心那个幼小的自己在哭泣'时，我哭得更凶了。的确，我在孩提时代就失去了母亲，养母也没有给予我母爱，我根本没撒过娇。我没想到，那么陈芝麻烂谷子的事儿到现在还对我有影响。而当我慢慢地注意到那些事情，可以哭出来以后，我的人生开始发生变化。现在我能和妻子交流真心，也能温柔地对待孩子。真的太感谢老师了。"（四十七岁·男性）

"不知道为什么，妈妈对我净是嫉妒。她说我限制了她交友，剥夺了她喜欢的洋装和首饰，所以差别对待我和弟弟妹妹们。即便如此，我还是希望妈妈喜欢我，我努力地学习，考进了优秀的大学，成了一名牙医。可是比起优秀的我，妈妈还是更疼爱'废柴'的弟弟妹妹们。我不知道我活着有什么意义。我得了抑郁症，就在那时，我接受了老师的治疗。托老师的福，现在我不再在意妈妈的情绪，十分享受我自己的人生。我充满感激。"（四十九岁·女性）

"我小学六年级时遭到了母亲的恋人的性虐待。这件事情我至今都难以启齿。母亲一直很后悔嫁给我父亲，我的作用就是安慰母亲。我没有告诉母亲那件事，因为我觉得比起我，母亲更相信她的恋人。当我意识到我反复陷入或中断不伦关系就是源于我和母亲关系不睦时，我无比震惊。现在我通过治疗痊愈了，也能够摆脱童年时的阴影了。今后，我想珍惜自己。"（三十五岁·女性）

"我一直以来都认为我所承受的生活煎熬都是源于我父亲，他什么事情都要支配我。我一直很恨父母，但我也知道他们很笨拙，只能以那样的方式爱我。我意识到，我把一切的错都归咎于父母，自己却没有采取积极的生活方式。我还注意到，父母溺爱和过度保护我。现在，我在慢慢理解父母，也觉得'自己的人生要自己负责'。"（三十七岁·女性）

看完这些分享，你有什么感想吗？

这些讲述代表了所有通过心理咨询获得全新人生的来访者的心声，他们的真实故事告诉我们："依恋障碍"

的确侵害人生，但可以克服。

如果你或者你身边很重要的人在身体、心理及人际关系上感到烦恼、苦闷，生活煎熬，那么，希望你能读下去，你一定能在某一页、某一行找到逃脱苦闷的窍门。

人生或许是很艰难的旅程，我们总会遭遇这样那样的困苦，不管是外在的，还是内在的，最终都是要与自己的内心达成和解。

在接下来的章节里，我将依照"重建依恋疗法"给出建议，只靠自己的力量，你也能克服"依恋障碍"！

本书结构如下：

第1章中，我将从我个人的分析和见解出发，把导致孩子产生"依恋障碍"的父母分为五大类，并列举每类父母的个性、育儿方式以及对孩子的影响。

第2章中，我将解释说明"依恋障碍"如何损害自我肯定感，以及自我肯定感受损后对身心与人生产生的影响。

第3章中，我将引入"交流分析"的心理学理论，深入探讨"'依恋障碍'对人际关系产生了何种影响"这个问题。

第4章中，我将论述"依恋障碍"并非个人之事，而会关乎后辈，在代际间产生连锁效应。

从第5章开始，我将介绍克服"依恋障碍"的方法，而第五章将先介绍如何寻找成为"安全基地"的人。

第6章中，我将介绍在自己内心建造"安全基地"的方法。

第7章中，我将论述关于成为他人的"安全基地"的相关事宜。

第8章中，我将就克服"依恋障碍"的方法之一——拥有"活着的意义"和"活着的价值"的重要性进行说明。

接下来，作为改变人生的第一步，请翻开下一页吧。

第1章

从原生家庭说起：
我们的不安如何形成？

/ 为了真正理解我们内心的不安，我们必须究其本源——"依恋障碍"。

/ 在这一章中，我们将从心理学观点出发来学习孩子的依恋类型。

/ 根据过往的数千个案例，我将导致孩子产生"依恋障碍"的父母分为五大类。

/ 如果分别从"曾经年幼的自己"和"成为大人的自己"两个角度来阅读，也许你会发现更多细节。

童年时缺失的安全感，
人际困扰的源头

关于"依恋障碍"，我们在序章中已进行过说明，精神病学家、心理学家约翰·鲍尔比（John Bowlby）提出了有关依恋的心理学理论。

之后，其共同研究者玛丽·安斯沃思（Mary Dinsmore Salter Ainsworth）及学生玛丽·梅因（Mary Main）将婴儿和母亲依恋关系的发展和类型进行了分类。

玛丽做了一个名为"陌生情境法"的实验，观察当孩子处于实验室，即一个完全陌生的地方时会有怎样的行为。具体情境是：最初母亲与孩子同处一室，之后陌生人进入，然后母亲离开房间，当母亲再次返回时，孩子会有怎样的反应和行为呢？这就是实验的观察目标。

根据实验结果，她将孩子分为以下三种依恋类型。

🔗 安全型

安全型的孩子即便身处陌生的地方，只要母亲陪伴在侧，他们就能放心玩耍。尽管当陌生人进入房间而母亲离开时他们会感到不安，但母亲回来后他们就会继续安心地玩耍。

因为他们和母亲的关系十分稳定，所以即便没有和母亲时刻相依，他们也可以把母亲当作"安全基地"。诚然，如果母亲不在，他们也会哭泣和不安，但再次见到母亲时，他们很快感到安心，重新回归平静。

🔗 回避型

回避型的孩子即便母亲在房间里也不会多加注意，母亲要离开时亦不会流露出不开心的情绪。甚至当母亲再次回到房间时，他们也会无视或者躲闪。

这种类型的孩子认为向母亲寻求照顾和回应是没有用的，所以他们已然放弃这样做。

🔗 焦虑-矛盾型

一旦母亲离开房间，焦虑-矛盾型的孩子会马上表现得害怕和不安，然后分化为两种类型，一种在母亲回来后表现出敌意和攻击性，另一种则继续表现得茫然无力。

这意味着母亲对孩子来说是一种变量，孩子无法预测母亲是否总能帮助和守护自己。因此，这种类型的孩子对于和母亲的分离十分苦恼，甚至在重逢之后也不放心，继续带有攻击性和无力感。

玛丽·安斯沃思在进行这项"陌生情境法"的实验后又发现了一种新的依恋类型。

无秩序型

无秩序型独立于上述"陌生情境法"的实验中的三种类型。

这一类型的孩子即便母亲就在身侧，他们的反应和行为也很不可思议，十分矛盾。例如，当再次见到母亲时，他们会陷入很迷惑的状态，用背对的方式靠近母亲或停留在原地。

玛丽通过分析认为，无秩序型孩子的父母对孩子来说不仅不是安全的避难场所，反而可能是危险的源头。这个类型的孩子对于父母会有一种想接近又想逃离的矛盾性冲动，他们大多受到过父母的虐待，或者父母和其他家人患有精神疾病、家境贫困，等等。

令人惊讶的是，有些并非隶属于上述高危群体的孩子也会表现为无秩序型。玛丽分析后认为，除了父母直接而明显的威胁之外，当孩子主观上感受到来自父母的威胁时，也会发展为无秩序型。

导致"依恋障碍"的五种父母类型

如上所述，孩子的依恋类型分为安全型、回避型、焦虑-矛盾型和无秩序型四种。相较于安全型孩子，后三类孩子在成年后更容易遇到各种问题。

孩子的依恋类型分为以上几种，但很少有人对可能导致孩子产生"依恋障碍"的父母进行分类。经过多年分析，我对这些父母的类型略做划分。只有了解"依恋障碍"的产生原因，我们才有可能选择克服"依恋障碍"的有效方法。

可能会导致孩子产生"依恋障碍"的父母具体可以分为以下五类：

- 孩子难以接近的"冰雪女王型"
- 时刻监视孩子的"无人机型"
- 伤害孩子身心的"破坏型"
- 靠不住的"幼稚型"
- 利用孩子的"韩赛尔与格蕾特型"[1]

其他类型的父母或许也能导致孩子产生"依恋障碍",但以上五种类型几乎囊括了所有情况,所以接下来我将对这最具代表性的五大类进行介绍和说明。顺带一提,能够与孩子构建健全情感羁绊的父母,称为"安全型"。

接下来,让我们逐一进行分析吧。

---

[1] 《韩赛尔与格蕾特》是一则格林童话,讲的是继母因家中缺粮而抛弃孩子的故事。

孩子难以接近的"冰雪女王型"

由美子（三十八岁）的女儿真由念初中二年级，当她知道女儿在学校受到欺凌后，对女儿说："你受到欺凌是因为你身上有些地方不为人所喜。"也就是说，母亲也认为真由的性格有些灰暗，一点儿都不可爱。

回顾过去会发现，真由从幼儿园开始就和其他小朋友不太一样。比如：幼儿园放学时，小朋友一看到母亲来接自己就会喊着"妈妈"，然后开心地奔向母亲，但真由却并不觉得开心，只是淡淡地扫一眼由美子，向老师说完"再见"后慢慢地走向由美子。其他小朋友的母亲说"真由好成熟，像大姐姐一样呢"，但由美子却对此倍感尴尬。再比如：购物的时候，为了防止走散，由美子要牵真由的手，这时真由就会瞬间显得不知所措，然后颇为无奈地牵起母亲的手。

的确，由美子并不怎么喜欢孩子，怀真由的时候也对养育好孩子没有自信。她生下真由后常常不知道该怎样对待孩子，总是后悔，觉得"生下孩子是个错误"。这绝不是因为孩子不可爱，而是由美子十分不安，担心"我是不是没有像别的母亲一样爱孩子"。

"冰雪女王型"的母亲无法和孩子构建温暖的亲密关系,因为她们不擅长解读婴幼儿的非语言信息,所以无法回应孩子真正的心情和需求。

哺乳原本是母子之间肌肤接触最亲密的时候,但"冰雪女王型"母亲大多一边让婴儿吸奶,一边自顾自地玩手机、看漫画。婴儿专心地注视着母亲,努力地喝着奶,但母亲的关注点却在其他地方。她们也不擅长自然的肌肤接触和搭话,无论是抱孩子、给孩子洗澡还是哄孩子睡觉,她们常常笨手笨脚甚至犹犹豫豫,而孩子会敏感地捕捉到母亲这种紧张的情绪,然后悄无声息地将这些信息解读为——"母亲并不是真心爱我,所以我没必要黏人、撒娇,或者真诚地表达我的心情"。如此一来,孩子自然不会对母亲撒娇和有任性的表现。

从孩子的角度来看,他们会认为"母亲并不能了解我的心情和需求,所以当我烦恼和软弱的时候,她也没办法守护我吧"。这样的孩子也许会令人觉得成熟稳重,丝毫不给他人添麻烦。但相对地,他们也不擅长经营和他人的关系,在成年后除了很难对他人敞开心扉之外,还不容易信任别人,喜欢独自待着。

以我的经验来看,很多"冰雪女王型"母亲自己也未曾从她们的母亲那里获得过适当的回应和肌肤接触。因此，当她们自己成为母亲以后就不知道该如何表达爱意。如果你觉得自己的母亲可能是"冰雪女王型"，那么，为了切断这种负面的连锁效应，请一定要参考第5章及之后的章节，克服"依恋障碍"。

时刻监视孩子的"无人机型"

弘美（四十八岁）因为独生女亚由美（二十四岁）的恋爱问题十分烦恼。

亚由美是一名银行职员，最近通过朋友的介绍认识了一名男性并开始交往。她将男友带回家介绍给父母认识，但是，弘美对两人的交往持反对态度。

"我好不容易送女儿去念了一所好大学，又让她在知名的银行工作，她却和这种二流大学毕业的人交往，而且我听说他好像来自单亲家庭，由母亲抚养，还是家里的长子。我女儿从小时候开始就有点儿敏感，是那种很容易受伤的孩子。所以，可以的话，她最好结婚以后就辞职，在娘家附近买套公寓，然后我和她一起养育孩子,我觉得这样对她比较好。但她现在这个男朋友赚的钱暂时没办法让她做家庭主妇,将来还要让她照顾婆婆,这样的话我女儿可有得受了。"

弘美夫妻俩一直十分精细地养育独生女亚由美。他们一直让女儿拼命学习,婴儿时期担心她感冒,进幼儿园后担心她被同学们欺负,甚至为了女儿将来的幸福,他们努力把亚由美送进了知名大学的附属小学就读。

对亚由美来说,弘美是母亲,是挚友,是比自己更了解自己的人。因此,一直以来,对于学习、前途、工作上的任何困难,她都和母亲弘美共同克服。

弘美对不谙世事的亚由美十分担心,也很生气女儿开始随便谈恋爱。她想请信用调查公司暗中调查一下这个男人。虽然她也知道这不是光明的事,但她已经下了决心——为了女儿的幸福,她在所不惜。

"无人机型"的父母就像无人机一样,孩子走到哪里就跟到哪里,低空飞行似的监视着孩子。如果孩子前进的道路上出现障碍物或陷阱,他们就会先去把道路清理干净,确保孩子要走的路平顺简单。

但是,由于没有跌倒的痛苦回忆,孩子会非常害怕跌倒，就算只是碰到一块小小的石头，他也会马上摔倒。一旦他掉入陷阱，就很难凭借一己之力爬上来，只能待在陷阱里，一味地等待别人的救援。

在父母过度干涉和保护之下长大的孩子，恢复能力会特别弱。父母总是代他思考，给出最好的答案，有时甚至代替孩子行动，所以孩子通常缺乏自信心和主见，无法靠自己去决定重要的事情，总是依赖他人生存。

另外，如果父母过于爱惜孩子，不让孩子承担责任，那么当孩子遭遇失败时就无法自己负责，而会把一切问题都归结于其他人——"我失败是父母的错、环境的错、不理解我的人的错"。这种情况即使在他们成年后也不会改变，他们极度害怕失败，无法承担大事，一不顺利就很低落，难以振作。

"无人机型"的父母大多还很重视排场和形式，孩子一旦有什么问题，他们会马上向学校抱怨，甚至变成"怪兽家长"。有些父母还带有偏见或歧视思想，总是希望自己的孩子比别人家的孩子更优秀。

同样，很多"无人机型"的父母自己也是被在乎面子的父母所养大，或者没有得到父母充分的关爱，出于逆反心理，他们成了"无人机型"。

伤害孩子身心的"破坏型"

赖子(三十五岁)常常唉声叹气:"为什么只有我总是受伤呢?"

赖子的父亲酗酒成瘾,经常随意谩骂她的母亲,母亲则总是抱怨。所以赖子按自己希望的那样结了婚——"我希望高中毕业就工作,离开这个家,组建一个幸福的家庭。"

但她的丈夫只埋头工作,家庭经济状况也不理想,读小学六年级的女儿和读小学四年级的儿子成天吵架,完全不听赖子的话。

"所以我终于爆发了,甚至打了他们,这绝对不是因为我想打孩子,如果不打,孩子们根本不听管教。为了不让他们被外面的人责骂,为了让他们成为更好的大人,我只能打他们,有时还威胁他们。"

每当看着孩子们熟睡的脸庞,她总会泪流满面,有时甚至觉得"这样的我不配为人父母"。尽管如此,如果有什么不顺利的事情,处在气头上,她的巴掌便又像条件反射一样打到了孩子身上。如果孩子反抗地看着她,她就更加恼羞成怒,打得更厉害。

孩子们总是战战兢兢的，好像在揣测赖子的情绪似的。大女儿最近开始过度减肥，已经瘦了十多斤。小儿子好像在学校有什么不开心的事情，不再去上学。

赖子越来越觉得："为什么只有我必须过这么不幸的生活呢？"

"破坏型"父母的特征是直接地伤害孩子的身心，具体表现是在行为和语言上对孩子施加暴力、威胁，有时也会无视孩子。

很多情况下，父母确信"管教是为了孩子好"，但实际上，这种管教只是对孩子的虐待，也就是通过伤害孩子来释放自己的压力。

这类父母缺乏情绪管理能力，容易产生愤怒、怨恨、嫉妒等负面情绪，即便在外人面前脾气很好，在家里也把不满的情绪发泄在比自己弱小的孩子身上。当孩子成绩不理想、不守规矩、不帮忙做家务、不遵守约定时，他们很容易抓着这些孩子做不好的事情不放，不断地责备孩子。

很多父母以孩子眼神凶恶、态度不好为借口，对孩子施加暴力，过后又突然变得温柔并哭泣，所以，有些孩子就算受到伤害，也会觉得父母很可怜。可怕的是，这些被父母伤害过的孩子，他们的自我肯定感也遭受了彻底的伤害。本该是世界上最爱自己、守护自己的人，却成为理所当然伤害自己的人。

在虐待下长大的孩子，心底深处隐藏着这样的想法——"我没有价值""我无法被爱""如果我不存在就好了"，有些孩子甚至还曾自残或自杀未遂。即便在成年后，他们也常常缺乏自信，容易无意识地做出伤害自己的选择。

很多"破坏型"的父母自己也曾在成长过程中遭受过父母的虐待。因此，当他们成为父母时，就不知道管教孩子和释放压力是两码事。同时，由于他们不知道如何温柔地去爱孩子，所以不擅长表扬或安慰孩子。

靠不住的"幼稚型"

对彩乃（三十八岁）来说，成绩优异的初中三年级学生彰是个值得骄傲的儿子。与之相比，读初中一年级的女儿心美的成绩则总是垫底，让人觉得他们压根不是同父同母的亲兄妹。

"没关系。心美是个女孩子,也不怎么聪明,让她照顾她哥哥,我不在的时候帮忙做家务。孩子总有派上用场的地方,对吧。"彩乃其实一直和一起打工的同事保持着不伦关系。她似乎也并不怎么愿意做主妇,从以前开始就常常和朋友去喝酒。虽然她想"离婚后去过自由的生活",但她没有经济能力,所以即便很不情愿,也只能继续如今的生活。

彩乃心里一直期待出现一位拯救她的王子,她还在心里盘算着,即便没有王子,优秀的儿子在成年后也一定会很孝顺她。因此,彰身为她未来的"救世主",即便多少有些任性,她也会说"你想要……?真是拿你没办法啊。好了,明天买给你",然后各方面都很依他。

临近考试时,彰总是很焦躁,会拿彩乃和心美出气。如果对考试成绩不满意,他马上就把错误怪到别人身上,比如说"因为妈妈没按时叫我起床""因为心美太吵了,导致我没法专注学习",而彩乃会责备心美"你没按我说的好好照顾哥哥,才会导致这样的结果"。

心美最近有时会用刀片划胳膊内侧。但在别人面前,她总是开玩笑般地贬低自己:"我就是个笨蛋,昨天又犯了蠢。"

"幼稚型"父母在精神上还未真正成为大人，经济上也可能无法独立。有些这样的父母会把孩子当成过家家的玩偶、挚友或者心理咨询师的替代品，甚至，他们会把孩子当成父母，让孩子照顾他们，将本该由自己做的事务和育儿扔给孩子。有些父母和彩乃一样，他们有很优秀的孩子，自己则像仆人般地伺候孩子，于是在不知不觉中受孩子威胁、看孩子的脸色生活。

大多"幼稚型"的父母比起育儿更注重自我需求，所以可能会为了自己的兴趣和活动牺牲孩子，或是为了恋爱和玩耍而不管孩子，演变为放弃育儿的状态。

"幼稚型"父母也是被精神幼稚或者有过度保护倾向的父母抚养长大的，被这种父母抚养长大的孩子会缺乏安全感和信任感，即便成年后也很难与他人构建恰当的关系。这会导致孩子未来很辛苦，因此必须加以注意。

利用孩子的"韩赛尔与格蕾特型"

千寻（四十岁）有一个念高中二年级的女儿丽香，

她希望女儿不会对自己的人生感到后悔。所以，千寻从丽香三岁开始就让她接受英才教育，考进理想的幼儿园，初中时还请了家教辅导她学习，这都是因为千寻想让丽香考上医学院。

"我很想当医生，考了三次医学院都没合格，最后只能放弃了，去了药学专业，成为一名药剂师，在药店工作。但我一直悔恨交加，为什么我要选择放弃呢？比我实力差的人也成了医生，赚的比我多，地位也比我高。所以我决定尽我所能，让孩子当上医生。"

如今，千寻正在为了女儿的学费拼命工作，同时费尽心思地节约，"在女儿考上私立大学医学院之前，我必须拼命存钱"。

尽管如此，丽香的成绩却毫无提升。

"丽香，你现在不努力可怎么办！只要当上了医生，你一辈子的生活就会很幸福！妈妈想支持你的人生，为了你，妈妈什么都愿意做。因为你是我的宝贝。"

丽香为了报答母亲的爱而拼命学习。但是她不看漫画也不看电视，压根没办法加入朋友们的话题，十分孤独。

"韩赛尔与格蕾特型"的母亲就像"魔女",她们使用《韩赛尔与格蕾特》中的魔法,用一个有很多精美点心的房屋来引诱孩子们,给孩子们满满的点心,等他们变得白白胖胖后再吃掉他们。

和故事不同的是,现实中母亲本人完全没有意识到自己是个"魔女",她们觉得"我全都是为了孩子的幸福才这样做的"。但实际上,母亲的这种想法是扭曲的,她们想让孩子实现自己曾经没实现的梦想,考上自己没考上的学校,以此来达成自己的目标。

这一类型的父母在潜意识层面把孩子当作自己人生的延长线,所以理直气壮地操纵孩子的人生,但孩子并未意识到这一点,而是觉得"父母为了我拼尽全力地工作""父母很爱我",所以即便辛苦,他们也非常努力。最终他们往往考上了目标学校,找到了目标工作,暂时觉得很满足,但随着时间的流逝,他们的心中渐渐感受不到喜悦和幸福,认为自己并没有过着属于自己的人生。他们有时会丧失热情,甚至患上抑郁症。即便如此,他们依然不断地责备"懦弱的自己",努力振作,但无论拥有多高的经济能力,在社会上获得多少赞赏,他们依然无法获得价值感。

这一类型的父母通常希望孩子从事医生、律师、法官、演员、音乐家等职业，也有些父母希望女儿嫁入豪门，希望孩子创业或出国。

很多"韩赛尔与格蕾特型"的父母自己也在不知不觉间被父母利用。他们或是对没出息的父母十分愤怒，或是由于自己没能完成父母的期望便把自己的孩子交给父母养育。无论是哪种情况，对于孩子来说都不是好事。

摆脱原生家庭魔咒，解开依恋枷锁

正如我之前所说，亲子关系里，父母的生活方式、行为举止就像"魔咒"一样植入了孩子的潜意识。如果是好的"魔咒"，孩子就会珍惜自己的身心，信赖身边人，在构建亲密关系的同时过着属于自己的人生。"稳定型"父母可以说是给孩子植入了好的"魔咒"。但是，导致孩子产生"依恋障碍"的五种"不稳定型"父母还在继续对孩子施加"恶咒"。这个"恶咒"侵害孩子的身心和人际关系，甚至整个人生。

那么，一旦被施加了"恶咒"，就再也解不开了吗？

你知道格林童话中《睡美人》的故事吗？

有一位国王为了庆祝公主的诞生，邀请了十二位女巫赴宴。女巫们分别将"爱""智慧""富裕"等祝福作为生日礼物赠予公主。后来第十三位女巫也来了,她因怨恨自己未在邀请之列而诅咒公主"将在十五岁时被纺车的针刺死"。国王和王后大惊失色。但此时第十二位女巫还没有献礼,于是她将一句"魔咒"作为礼物送给公主,"公主即便到了十五岁也不会死去,只是会沉睡一百年后再醒来"。

父母施加给孩子的"恶咒"与此类似。是的,"魔咒"的威力非常大,但好的"魔咒"可以改写"恶咒"。也就是说,如果我们知道童年时被施加了怎样的"恶咒",我们就能通过自己的能力重新给自己施加新的、幸福的"魔咒"。

我会从第5章开始教大家如何为自己施加幸福的"魔咒"。现在,我们有必要进一步了解"依恋障碍"。接下来,我们来谈一谈"依恋障碍"会引发怎样的问题吧。

第2章
我不能、我不配：
为什么我们自我肯定感低？

"自信"意为"相信自己"，而相信自
己的能力来源于自我肯定感。

"依恋障碍"引发的问题之一就是不能
形成自我肯定感或自我肯定感受损。

在这一章中，我将通过几个真实的事例
来说明"依恋障碍"是如何损害自我肯
定感并影响人生的。

做不到喜欢自己，
便一心期待他人认同

假如现在有人问你："你喜欢自己吗？"你会怎样回答？

以前的我会立刻回答"我怎么可能喜欢自己"。但是现在，我会回答"是的，我喜欢自己"。如果那时的我听到现在的我的回答，一定会惊讶不已吧，或许会觉得"怎么这么不知羞！"

我曾经就是如此讨厌自己。我能滔滔不绝地列举自己的缺点，却找不出一个优点。现在我知道了原因——我的自我肯定感非常低下。

我的母亲是个非常美丽、阳光开朗的人，但有些幼稚。比如：她有个梦想，"想生一个像洋娃娃一样漂亮的女儿",听说她怀孕时相信"打扫洗手间就能生下漂亮孩子"的传闻,于是非常用心地打扫洗手间。

很遗憾,我并不是母亲所梦想的那样像洋娃娃一样漂亮的女儿。尽管如此,一开始我还是备受疼爱的。可四年以后,母亲终于生下了一个像洋娃娃一样漂亮的妹妹,从那以后,母亲的关心就全都转移到了妹妹身上。

妹妹只是待在那里都会让母亲笑逐颜开,而内向又不会说好听的话的我,只有在表现非常优秀以及母亲需要找人帮忙时,才会被母亲注意到。

即便成年后,我也认为"如果对别人起不了作用,那我就没有价值",这也是我后来投身于救助动物的志愿活动的原因。

我被家人当作牺牲品,在经济和身心上都饱受煎熬,最终患了重病,到了决心去死的地步。

过度自责，
真实的自己被隐藏、被伤害

关于我的故事，请容我之后再讲。

按照第1章中的类型，我的母亲属于"幼稚型"。虽然她对我和妹妹都倾注了母爱，但那绝不是我和妹妹想要的爱。

我总是深信"我的容貌和性格不被人所喜爱"，因此，我尽可能地不引人注目，也无法坦率地接受别人的好意，"连母亲都不曾无条件地爱过我，我有什么理由期待别人的喜欢和爱呢"？这个"魔咒"被植入了我的潜意识中。

而深受母亲关心的妹妹也被施加了"魔咒"，那就是"如果不年轻、不可爱，别人就不会爱我"，所以，妹妹一直想做一个年轻、可爱的女性。

是的,我们两姐妹都患有"依恋障碍",我们都认为"如果我们在母亲认可的部分不如别人,那么我们就没有价值",换个角度来说,我们觉得"真实的自己得不到认可,很差劲"。

如果母亲不是无条件地爱孩子,那么孩子就会确信自己在某些地方不如其他人,然后拼命隐藏或努力去掩盖那些不好的地方。

但人生来平等,没有谁很差劲。人本身就是有价值的存在。如果你觉得"我很差劲",那也许是因为被"恶咒"所困。

你绝不差劲。从出生起,你本身就是独一无二的存在。

六大危害：
自我肯定感低让我们反复内耗

恢复力低下，无法从失败中重新振作

美咲（四十岁）最近终于想着"要不要去尝试新的挑战呢"。三年前她在宅建[1]考试中落榜，内心受到巨大冲击，于是放弃了学习，终日闷在家里。对美咲来说，宅建考试是她重新振作的机会。

美咲毕业于知名私立大学，在一家大型贸易公司工作，但她越来越觉得："为什么我必须和这些轻浮的女同

---

[1] 宅建，指日本政府发出可处理房地产交易的国家专业资格。

事做一样的工作呢?"于是辞了职。接下来,她应聘了很多广告公司,但均被淘汰。自信损失殆尽的美咲的健康也亮起了红灯,她决定在家休息一年左右。

之后,她决定重返校园,"还是得考取专业领域的资格证啊",这次她上的是艺术类大学。虽然她插班进三年级,但并没有如期获得学分,最后花了四年才毕业。

毕业后,她进入一家小型设计公司工作,和一名男同事结了婚,辞职成为一名家庭主妇。正当她想着"这回终于可以安心生活了"的时候,却得知丈夫欠了债,于是离了婚,精神十分疲惫的美咲再次回到了娘家。

温和的父母一如往常地对她说:"你还是好好休息吧,直到恢复元气为止,没必要勉强自己。"

之后的几年,美咲在家休养,致力于考取宅建资格……三年前她落榜后一度十分忧郁,如今正向着新目标——针灸师——开始努力。接下来她要上三年学,然后去考针灸师的国家资格。父母为她支付了六百万日元的学费,但是她始终认为"我变成这么弱的人都是父母的责任",所以对此毫无愧疚感。

看完这个案例,我们会觉得美咲是个幸福的人,对吧？父母照顾她，无论何时都温柔地接受她。但是，这真的是一件好事吗？

美咲从小就在父母的万般呵护下长大，父亲经济能力强大，母亲则是位贤妻良母。每当美咲在学校遇到不顺心的事情，父母会立刻帮她解决，即便遇到失败，父母也认为错的不是她，而是其他人。她一直生活在这样的环境下，所以抗压能力非常差，毫无忍耐力，遇到一点儿小事就会心情低落，需要很久才能重新振作。当她经历挫折和失败时，马上会把错误归咎于其他人、环境和命运。

可以说这是"依恋障碍"导致的显性自我肯定感低下，即片面地断定"我不具备控制自己人生的能力"。这是因为，人大致可以分为两种类型：一种是"外因型"，即当事情不顺利时，就从他人和环境找原因；另一种是"内因型"，即寻找自身的原因，"是不是我哪里做得不好？""外因型"的人遭遇失败时，会把错误归咎为别人的态度、环境等自己无能为力的因素，认为人生全凭运气；"内因型"的人则会有意识地控制自己，比如"可能还需要更努力""再多做一点儿就好了"。

拥有"无人机型"父母的人在失败时通常很难振作

起来，恢复力低下，还容易把自己的失败转嫁为别人的责任，时常处于不安、愤怒、怨恨等负面情绪中。

一点儿小事就能引起情绪波动

贵史（三十八岁）向大学时代的朋友发牢骚："这次我一定要辞职，"他说，"直属上司视我为眼中钉，他对别人都很宽容，只对我严厉，就因为我毕业于二流大学。我们公司很多人都毕业于知名大学，直属上司对他们关爱有加，却对我喋喋不休地诉说不满。这是仗势欺人！"贵史有时因为一些小事而生气，有时又无下限地奉承上司和客户。

其实，贵史的父亲也因为自己只有高中学历而觉得低人一等，在职场中从不说"NO"，在家里却对贵史的母亲和孩子们的态度十分威严。他喝了酒后经常絮絮叨叨："喂，贵史，你无论如何都要上大学！不然世上的家伙们都会瞧不起你。你那个表情是什么意思？你竟敢瞧不起我吗！"

贵史以前觉得这样的父亲很丢脸，但现在，他正把职场的压力撒向家人。"我为了养你们连自尊都不要了，拼命工作。回到家时累得要死，却还让我听到孩子的牢骚。"

"贵史，是个男人就不要说这种被别人欺负之类的窝囊事！"

最近，妻子提出了分居。

贵史在职场和家庭都被疏远了，但是，他依然无法客观地看待自己，深信自己是遭受不公的受害者。

贵史的父亲属于"破坏型"和"幼稚型"的混合型。贵史受到了父亲的影响，总是疑神疑鬼，认为自己遭受了不公，为了不被看轻而虚张声势。

但是，这种行为往往具有危险性。例如：每天早上，即便是简单的早饭，妻子也要花时间准备，而妻子也要上班，她对丈夫说"我觉得有些累啊"。此时，如果丈夫说"啊？早饭根本不是什么麻烦事吧"，妻子或许会发火，说"我不做早饭了"，而丈夫更是火冒三丈，"明明我的工作比你累得多！"

那么，夫妻俩的心中究竟在想什么呢？妻子也许认为"我这么辛苦！偶尔犒劳我一下不行吗"，而丈夫可能在想"突然发什么火啊！完全像个孩子！多少理解一下我的不容易啊"。

总之,夫妻俩都想温柔地对待对方,但又都深信"对方在伤害我"。但是,如果一开始妻子发牢骚后,丈夫说"谢谢你一直做早餐,偶尔换我来做吧",结果又会怎么样呢?如果一开始妻子说的是"我偶尔也想吃你做的料理呢""做早饭有点儿累,明天我想休息一下",或许双方都不会感到受伤吧。

当人们感到疲劳、有压力的时候,就会在思考、情感、行为等方面出现负面表现。尤其是患有"依恋障碍"的人,由于自我肯定感低下,他们更容易深信"别人瞧不起我""我遭受了不公"。但是,如果我们能够相信自己,那么即使别人的态度看上去轻慢——实际上他是无心的,我们也不会耿耿于怀,因为我们知道问题不在自己身上。

这么说来,提高自我肯定感的重要性可见一斑。

总是觉得自己没有价值

佐和子(三十四岁)参加完高中朋友的婚礼,晚上到家后大叹了一口气"唉——"。现在,高中四位好姐妹中只剩她一个人单身了。

虽然她在大家面前表现得活力满满，但大脑里却一如既往地充斥着这样的话——"我这种人活在世上也没有价值，好想消失啊"。很长时间以来，一有痛苦的事情，佐和子就会恍若听到这句话，失恋、工作上失败、寂寞、不安时都是如此。虽说并不是立刻想死，但她心里却总想着"死了也没什么关系吧"。

佐和子的母亲是个非常情绪化的人。上一秒心情不错，下一秒突然就生气了，对佐和子姐妹俩发脾气，比如："因为有你们，妈妈才离不了婚！你们再不帮忙，就去福利机构！""如果不是怀上了你，我怎么会和你爸爸这种人结婚！"……

佐和子是看着母亲的脸色长大的。当她成为一名护士，终于可以离开家的时候，内心本应觉得彻底轻松了。但事实上，即使离开了母亲，佐和子的内心依旧无法释怀，她无法摆脱"也许我不出生就好了""即便活着，我这种人也没什么价值"这种想法。

佐和子的母亲属于"破坏型"和"幼稚型"的混合型。
如果孩子在童年接收到"如果不是怀了你，我就不会结婚""因为你我才没办法离婚""因为生了孩子而变得不幸"等来自父母的语言或非语言信息,那么他就会质疑与否定自己的存在价值。这种行为相当于对孩子的暴力和忽视。另外,即使没有直接对孩子施加伤害,让孩子目睹父母吵架、暴力的情景,也会构成对孩子的虐待。

如果孩子在这种环境下长大,他们自然不会产生自我肯定感,而是确信"我没有价值",无法珍视自己,不知不觉间做出令自己远离幸福的行为,他们似乎处处被父母的"恶咒"操纵。

如果一个人的自我肯定感低下,那么他极易陷入负面情绪中,身心在不知不觉间受伤,和周围人的关系也容易变得僵硬。因此,他们总是失败,也很难抓住成功的机会,一有不顺利的事情就被负面情绪困扰,陷入恶性循环。

如果你的父母属于"破坏型",一直以来,你一定经历过很多痛苦的事情吧?

虽然现在的你可能依然不知道该如何是好,但有一点是肯定的——你本身就是很珍贵的存在。你值得过更加幸福的人生。

即使你的父母没有给予你认同与关爱，你也要爱自己。

即使爱你的人尚未出现，未来也一定有一个更加珍惜你的人在等你。

无论做什么都是丧丧的

荣太（四十二岁）经营着一家IT企业，事业顺利。

但是，如果年轻的员工没按他的想法做事，他就会厉声责骂："都说了多少遍了！为什么听不进去？给我再用心点儿！"如果员工表现得战战兢兢，他就更加烦躁，说："是个男人就别拖拖拉拉的！"对于他认为不行的员工，他会毫不留情地解雇。因此，员工们一直胆战心惊，不断有人主动辞职。即便如此，公司业绩依然不断提升。

荣太还爱好开车，他充分享受开车的乐趣；此外，他住在豪华公寓的顶层，美丽的夜景一览无余。

所有人都觉得荣太是一位成功人士，但他晚上却总是难以入睡，常常觉得没有干劲、身体慵懒。

他被医院诊断为抑郁症。

"为什么我会得抑郁症?"他满心想否定这个诊断结果,但他的确做什么事情都得不到喜悦和充实感,对未来也不抱任何希望。

荣太的父母都是精英级高级官员,从他小时候开始就忙于工作,荣太几乎是被保姆养大的。父母因为自己的职业关系,希望荣太成为医生、律师或者政治家,所以从荣太小时候起就给他请了家庭教师,规定他的成绩一定要处于一流水平。考试得一百分是理所当然的,而考了九十八分会被斥责"为什么扣了两分",荣太从不记得父母表扬过自己。甚至,在他的记忆中,母亲从未抱过他,也没有陪他一起睡觉这样的亲子间的温暖互动。

荣太的父母属于"冰雪女王型"。

一般来说,如果父母没有给予孩子温和、亲密的互动,反而过度要求孩子比别人更优秀、更强,那么孩子成年后也无法和他人形成亲密关系。

拥有这种类型父母的孩子,通常会因为不如别人优秀而感到不安,有时甚至会通过贬低别人、指出别人的不足来获得安全感。即便比任何人都努力,在社会上取得了成功，他们也不容易感受到喜悦和幸福，达成目标后，他们就像燃尽的火焰一般变得空虚、抑郁。另外，这一类人因为在童年时没有被允许像孩子般撒娇，所以他们成年后碰见那些表现出孩子气的人时就会心生厌恶，无法容忍对方。

荣太这类人在社会上貌似自我肯定感很高，但他们的内心其实隐藏着"我不优秀就得不到认可""表现出脆弱就会被别人讨厌"的想法。

如果你的父母属于"冰雪女王型"，或许你对上述情况深有感触。迄今为止，你始终保持努力，尽管你经历过很多沮丧、想哭的时刻，但你还是一个人坚强地挺过来了。

虽然你的父母并未履行职责，告诉你"善"与"温和"这样重要的事情，但人都有弱点，有时你也可以脆弱，可以好好休息，也可以向别人寻求帮助。

你要更加珍惜自己。你要感知你自己真正的心情和真正追求的东西。你拥有这样的权利。

为了守护童年内心柔和、温暖的部分，你曾建造了厚厚的壁垒。现在，请一点儿一点儿地融化它吧，你内心柔和的部分一定能感受到喜悦与幸福。

做出伤害自己的行为

由纪奈（二十七岁）的购物篮中有三个便当、好几个饭团、五个面包，还有巧克力、饮料等，装得满满当当，在收银处，她又买了一些肉包、干炸食品和关东煮。

由纪奈经常在便利店采购很多食物，然后一口气全吃掉。但是因为对肥胖的恐惧，她又会马上跑去洗手间催吐。"吃到食物堵到喉咙的时候会比较好吐出来……"

由纪奈从高中开始节食减肥，她一开始的目标是减掉七八千克，达到目标体重后，她觉得"还是太胖了"，于是更加苛刻地控制饮食。当她瘦到连周围人看她的眼神都变得很奇怪时，某天半夜，她突然冲动地吃完了冰箱里所有的食物。吃完后，她备感罪恶和后悔，然后冲到洗手间催吐。自那以后，每当由纪奈觉得有压力、厌烦或不安时，她就去便利店购买食物，一口气全吃掉后再催吐，这成了一种习惯。

由纪奈的母亲在她小学三年级时离婚，三年后又再婚。几次咨询后我才得知，她母亲只疼爱再婚后生的弟弟，对待由纪奈则很冷淡，而且继父从她初中一年级开始就一直对她实施性虐待。

由纪奈的母亲属于"幼稚型",继父属于"破坏型"。

小学三年级以前,由纪奈和亲生父母一起生活,生父会在她和哥哥面前对妻子施暴,父母离婚后,哥哥跟随父亲生活。由纪奈的母亲和打工时认识的男同事,也就是现在的继父搞起了婚外恋,家里一片混乱。

光是这些事情就很容易导致由纪奈患上"依恋障碍",再加上继父的性虐待,她的内心早已破败不堪。即使向母亲倾诉,母亲也不理睬她,母亲似乎很嫉妒上初中的女儿,质问:"你为什么要说这种谎?"

这个还在上初中的少女,这个没有任何过错的少女,身心都遭受了伤痛,但周围的大人们全都视而不见。

我的病患中有很多人曾在童年时期遭受过父亲或其他亲戚、熟人的性虐待,人数多到令人震惊,而且受害者不只是女性。

虐待分为四个种类:身体虐待、精神虐待、离弃以及性虐待。很多时候,虐待是家庭中不公开的秘密,很难被外界得知。尤其是性虐待,即使孩子告知父母一方,他们也不会相信,所以几乎所有的孩子都选择不告诉父母。因此,童年遭受过性虐待的人数应该比公布的数字更多。

遭受过以上这些虐待的孩子患有"依恋障碍"的概率非常高,这种身心伤害不容易被治愈,且会变成某些显性的问题,如摄食障碍、割腕、反复进行的美容整形等。他们内心深处的自我肯定感受到了伤害,变得破败不堪。"我是个很脏、很丑、很丢脸、很差劲的人",这种过于悲伤的"恶咒"在不知不觉间就会使他们进行自我伤害。

如果你也曾被"破坏型"父母伤害,我希望你知道——你没有任何错,你也不用自责,你的不幸只是因为身边没有保护你的大人。

你的灵魂依然纯洁美好。请爱惜你的身体。请每天把身体泡进浴缸,然后对自己说:"你一直以来都很努力了,谢谢你。我会好好珍惜你的。"

如此,破败不堪的自我肯定感一定会慢慢得到治愈。

为了填补内心空缺而导致成瘾性依赖

萌美（三十一岁）没有交心的女性朋友。

"我啊，一直以来都被女生讨厌，但我和男生挺合得来，我觉得也不错。"

萌美似乎总是在酒后失去理智，她明明有交往的男友，却常常在无意间和其他男人发生了关系。尽管如此，但萌美并无恶意："我没有打算背叛男友。我和那些男人只是肉体关系而已。对我来说，做爱并不是那么重要的事情。"所以即便是女性朋友的男友，她也和他们发生关系。

男友让她戒酒，她也想过不再喝，但每当她觉得"就一杯也没什么关系"时，就已经停不下来了。她和一起喝酒的男性朋友们握手、接吻，身边的女性朋友对她避之唯恐不及，男友最终也厌恶她。或许是为了填补寂寞，她又去喝酒，和很多男人发生关系。

萌美的父亲是一名银行职员，母亲是一名医生。自小她的父母就都很忙，完全把萌美交给祖母照顾。

萌美很依赖祖母，但祖母在她小学二年级时去世，那之后，她多数时间都是独自在家。

母亲曾对萌美的成绩和学习情况发表各种意见，但自从萌美在医学院考试中落榜后，她就什么也不说了。

萌美的母亲属于"冰雪女王型"。

祖母的陪伴是她的救赎，所以萌美才能感受着祖母的温暖长大。可祖母去世后，家里空空荡荡的，显得十分冰冷。听说从那时起，萌美就不分对象地对班主任、朋友的父母和哥哥姐姐等所有人撒娇。虽然她成年后不再如此，但戒不掉喝酒，一喝酒就不由分说地和异性发生关系。

被"冰雪女王型"母亲养大的人中，我见过很多像萌美这样依赖酒精和性爱的人。药物、购物、工作、运动、吃东西、断食……依赖于这些行为都是为了填补内心的空缺，同时掩盖孤独感和无力感从而寻求过度刺激。有些人也曾多次中断这些行为，最终却对自己的身心造成伤害。

萌美的所作所为可以说是在继续寻找祖母曾经给予她的温暖吧，也就是说，她是在不知不觉间变成这样的，而非故意为之。

如果孩子没有从父母那里得到适当的爱、关心和照顾，那么孩子就会拼命从别人那里索求这些东西，或者立马放弃。

如果你现在处于想戒掉某些东西却又戒不掉的状态——

你可能还没意识到，你并没有得到你小时候最想要的东西。

你内心寻求的东西可能并不是酒精、性爱、购物、金钱等。

请注意你自己的真正所求。

你一定会有办法得到那些东西。

好了，在这一章中，我们知道了因"依恋障碍"导致自我肯定感变低的人会产生怎样的问题。

如果自我肯定感低下，我们就会不喜欢自己，无法信任自己，也无法珍惜自己，会在不知不觉间做出伤害自己身心的选择和言行。

为了尽快摆脱那样的状态，希望大家仔细阅读本书讲述的克服"依恋障碍"的方法。

"依恋障碍"不仅导致自我肯定感低下，还会对人际关系产生很大的影响。

在下一章中，让我们就"依恋障碍"和人际关系来进行说明吧。

第3章

为什么我们的人际关系总在受阻？

"依恋障碍"有一种可怕的力量，它会导致一个人和他人的关系很生硬，或是破坏人际关系。

而我们人类是一种必须以某种形式与他人交往的生物，我们会通过和他人的良好关系感受到更多的幸福。

这样想来，"依恋障碍"对人生产生的影响极大。

在这一章中，我们将探讨"依恋障碍"对人际关系的影响以及如何摆脱畸形的关系。

深爱却迟疑，亲情最难断舍离

从前我还没克服"依恋障碍"时，非常不擅长与人保持恰当的距离。

如果我和一个人变得亲近，就会深信"这个人真的是个非常好的人"，然后不知不觉间和那个人变得亲近，就像迎来蜜月期一般。如果过于亲近，就会和对方撒娇，最终希望对方和自己拥有相同的价值观和行为，有时还会说出越界的话，对对方造成伤害。

如此一来，下一次和别人接触时，我会觉得"我和那个人无法和谐相处"，然后草草地结束关系。

不仅是朋友之间，我和父母、孩子及配偶的关系亦如此循环往复。

如果是别人，那还可以断绝关系，但如果是家人，只要不是很过分的事情,很难和他们断绝关系。

不过,当我成熟以后,我曾和父母断绝关系。

这是因为我在上一章中提到的我患重病时的事情。当时我被诊断出小肠、肾脏、子宫和卵巢这四处都有肿瘤,于是我下了决心打电话给母亲:"我希望您马上过来帮帮我。"

那时我的心情是:虽然我这个女儿没什么价值,但好歹是他们的亲生孩子,濒死时刻,父母应该会立刻惊讶地冲过来吧。但母亲辜负了我的期待:"哎呀,很严重啊。但现在妈妈必须照顾你的妹妹的家庭,没法儿去你那儿呀。"

我沉默地挂了电话,呆在原地。

当时我刚刚上高中的女儿说:"妈妈,我说对了吧。别期待了,外婆根本不爱你。"

"什么?你……你在说什么啊?她是母亲,当然爱孩子啊!"我反驳了女儿。

女儿冷静地说道:"虽然生下了孩子,但没有人会立刻变成一个好母亲,也有些母亲不爱孩子。妈妈一直都想得到外婆的爱,却因此受了伤,放弃吧。妈妈现在的家人是我们。我们爱着妈妈,那就够了,不是吗?"

那一瞬间，我泪如泉涌，肩膀脱力。

不可思议的是，我同时产生了两种感觉，一种感觉就像附体的精灵被取出一样，另一种感觉是至今为止空荡荡的内心被某些东西填满了。

从那以后，我再也不渴求母亲的爱。

那之后的几年间，我都避免和母亲联系。

我的病情发展将在之后的章节讲述。我这种情况，并不是因为有"依恋障碍"所以和父母关系变差，而是和父母的关系导致我产生"依恋障碍"，这个结果可以说是理所当然。

我的潜意识里出现了非常可怕的"魔咒"——对父母有用就会被爱，如果还是不行就拼命努力，然后去死，这样就可以让父母后悔。

当然，我并不想生病，当时我完全没意识到我有多么渴望父母的爱。

成年后的我们并不知道自己被施加了怎样的"魔咒"。"咒语"的力量非常强大，所以我们在不知不觉间走向了那个方向。

但是，如果我们能知道自己被施加了怎样的"魔咒"，那又会如何？

是的，如果我们知道，那下次我们就可以给自己重新施加幸福的"魔咒"，中和或者打消原来的"恶咒"。

所以，接着上一章中讲过的"损害自我肯定感的'魔咒'"，我想在这一章中谈一谈"导致人际关系受阻的'魔咒'"。

有温暖的刺激，才有健康的成长

"交流分析"理论把一个人和他人交流时总以讨厌的心情结束对话的方式称为"心理游戏"。

当然，谁都不想进行这种消极的交流吧。

尽管如此，如果留心的话就会发现，自己总是在和类似的人进行类似的对话，最后双方都以讨厌的心情结束对话，这就是"心理游戏"的特征。

那么，为什么还要继续这样消极的对话呢？

其中一个答案是：我们真的很渴望温暖、温柔、诚实的心灵交流。

如果这样说，你会觉得："啊？为什么？这样的话就不要进行消极的交流啊？"

这的确令人困惑。

虽然篇幅会变得有点儿长,但还是让我们来说明一下原因。

人需要"温暖的刺激",动物亦如是。

美国心理学家哈里·哈洛（Harry F. Harlow）进行了一项实验,用两种代理母亲模型来养育刚出生的恒河猴幼猴。

一种是胸前挂着奶瓶的铁丝代理妈妈,还有一种是没有挂奶瓶的用柔软布匹制成的代理妈妈。

通过对比两种代理妈妈养育的幼猴,哈洛发现,用布料代理妈妈养育的幼猴把布料代理妈妈当作"安全基地"（之后的章节中会详细说明）,对各种东西都表现出兴趣,想要去探索,而用铁丝代理妈妈养育的幼猴未表现出任何探索行为,它似乎只是很害怕。

就像恒河猴实验一样,即便是非生物代理母亲,生物也更需要有温暖的刺激的代理母亲。

让我们再来看另一个非常有趣的实验。

奥地利精神科医生勒内·斯皮茨（René A. Spitz）出于某些原因,将被寄放在孤儿院的孩子分为两个团体,然后对他们的成长发育进行了跟踪调查。

其中一个团体是在卫生和营养方面都很完美的条

件下，采用流水作业，机械性地给乳幼儿[1]喂奶和照顾他们。

另一个团体的卫生条件和环境条件都没有那么讲究，但在给孩子喂奶和照顾他们时，大人会抱着孩子，和他们说话。

结果显示，受到温暖照顾的乳幼儿茁壮成长，而只受到机械性照顾的乳幼儿团体中有很多孩子身亡，即便是活下来的孩子也几乎都患有精神和身体疾病，并在之后出现各种各样的发育障碍。

通过这个实验我们了解到，孩子不仅仅需要完善的卫生环境，还需要温暖的刺激，如若不然则无法茁壮成长。

---

1 乳儿和幼儿，学龄前儿童。

从"心理游戏"看"依恋障碍"

至此,我想大家都已经知道,人类和动物都需要温暖的刺激。

但远不止如此,实际上,当生物没得到温暖的、积极的刺激时,就有可能需要消极的刺激。

刺激对我们来说着实不可或缺呢。

"交流分析"理论将给予对方的刺激和被对方给予的刺激称为"安抚"。

这就是刚才我们所说的人类进行"心理游戏"的原因。

也就是说,即便我们的内心需要的是温暖的"安抚",但当我们无法获得时,就会寻求消极的"安抚"。

"心理游戏"中有"迫害者"、"牺牲者"和"拯救者"三个角色。首先，人会以这三种中的任意一种角色进入游戏，但在对话时必定会转变成其他角色，然后就会发生混乱，最后心生厌恶。让我们来看一个例子。

患者："我跟我老公的关系很不好，我压力很大。"（牺牲者）

心理医生："是吗？和你老公谈谈怎么样？"（拯救者）

患者："好的。但是，老公不听我说的。"（牺牲者）

心理医生："那么，有没有人能做中间人？"（拯救者）

患者："呃……我不想做这么丢脸的事……"（牺牲者）

心理医生："那暂时分居一段时间怎么样？"（拯救者）

患者："这样的话，孩子不是太可怜了吗？"（迫害者）

心理医生："……"（牺牲者）

一直处于"牺牲者"立场的患者中途变成了"迫害者"，而心理医生的立场则从"拯救者"变成了"牺牲者"。如果此时心理医生勃然大怒、十分焦躁，那么下次心理医生就有可能转变成"迫害者"。

像这样，人们在"心理游戏"的进行过程中交替扮演着"迫害者""牺牲者"和"拯救者"的角色。

所有人都在进行某些"心理游戏",但患有"依恋障碍"的人进行的"心理游戏"特别多,而且程度也更深刻和严重。所以,他们通常很难经营人际关系。

接下来,让我们来看几个"依恋障碍"引起的"心理游戏"吧。

不期不待，其实是无法坦率地接受爱

拓也（三十二岁）的工作和恋爱都不长久。

迄今为止他换过好几次工作，恋爱大多也就谈几个月。

"不论是工作还是恋爱，一开始我感觉都非常好。上司很器重我，和喜欢的女性也交往得不错……"

的确，拓也因为学历很高，有不少公司向他抛出橄榄枝。而且他还是个帅哥，个子也很高，所以很受女性欢迎。

但是，如果上司摆架子或者强词夺理，他就想马上反驳，然后就会吵起来……好像有种"在这种公司我不想干了"的感觉……

恋爱就更糟了。明明自己在和别的女人搞暧昧，但是连女朋友和公司同事们去聚餐也不允许。而且，他还去试探女朋友能为他奉献多少。对方付出的越多，他越觉得讨厌……

拓也的父亲中学毕业，在工厂工作。

或许因为如此，拓也的父亲有很强的学历情结，在外面好脾气，在家里就逞威风，是个彻头彻尾的"窝里横"。而且他酒品也很差，一喝酒就絮絮叨叨，总是对家人施加阴暗的暴力和谩骂。

面对这样的父亲，母亲无法保护孩子们，自己也只是咬紧牙关忍耐着丈夫的暴力。

拓也虽然很厌恶这样的父母，但心底似乎也觉得他们很可怜。

拓也的父亲属于"破坏型"，母亲则属于"幼稚型"。这种父母的组合非常多见。

父亲用暴力和谩骂威胁家人，俨然把自己当作一个小国的国王，掌握着家里的主权；母亲则十分软弱，既无法保护孩子也无法保护自己；这种父母养大的孩子被施加了"没有人会爱和守护我这种人"的"魔咒"，明明心底想着"我想被人爱""我想认真地去爱"，却无法坦率地表达和接受爱。

这类人和他人越亲近，就越容易反复做出讨人厌的言行。这种言行的背后，他们其实做出了一个幼稚又悲哀的决定，那就是"反正我这种人最后都会被人讨厌和抛弃，如果彼此比现在更亲近，那之后就可能会受伤，那样的话还不如现在就被讨厌，会少受一点儿伤"。

拓也因为遭受过"破坏型"父亲的阴暗虐待，所以会在不知不觉间反驳和抗拒上级。通过"重建依恋疗法"，拓也渐渐地开始意识到自己内心的创伤和对父母的爱憎。他清楚地认识到，正是童年受到的威胁和怒气导致他无法处理好和上司、恋人之间的关系。

随着治疗的推进，拓也学会了如何摆脱"虐待我吧"这种"心理游戏"。

如今，他已经能够和上司、恋人构建良好的关系。

如果你意识到自己正在进行类似的"心理游戏"，那就请想象一下"幼小的自己"，并试着和他对话。

"你没有任何错哦。你的父母当时还不成熟。现在的你已经不用害怕了。你和他们不一样。即便不使用暴力，你也能好好地保护自己哦。"

在不远的将来，你也会摆脱束缚你的"恶咒"吧。

越执着于"被爱"这件事，
反而越容易失去

真奈美（三十三岁）总是被恋人"劈腿"。

因此，她每天都执着地问正在交往的比自己年纪小的男友："喂，你真的爱我吗？""你有多喜欢我？"

刚开始男友还会回答她"我爱你，非常喜欢你哦"。可最近他的口头禅变成了"你不相信我吗？"

"但我也没办法，就是担心嘛。迄今为止的恋人也都说很爱我，最后还是'劈腿'，和年轻姑娘乱搞……所以，我甚至都会问些老掉牙的问题，比如'我和工作哪个更重要？'"

这样下去，现男友似乎也会讨厌她。

真奈美的父亲屡次出轨，背叛妻子。

父亲在家的时候态度很好，说着"真奈美是爸爸的公主哦，没有比爸爸更爱真奈美的男人了"等话，非常疼爱真奈美。

真奈美的母亲是个美女，或许是被当成大小姐一样养大的吧，她很骄傲，也不擅长坦率地表达爱，即便丈夫出轨，她也不慌张，行为举止就像毫不在乎一般。虽说如此，她心底却决不原谅丈夫，坚决分房睡，态度也一直很冷淡。但是对于丈夫提出离婚这件事，她似乎一直静静地摇头。即便是对真奈美，母亲从她小时候起也一直和她保持着距离。母亲虽然家务做得很好，但很少和女儿有肌肤接触。

所以，真奈美虽然知道父亲并不称职，但比起母亲，她似乎依然更亲近父亲。

真奈美的父亲属于"幼稚型"，母亲属于"冰雪女王型"。

父亲完全就像孩子一样幼稚，用自己觉得舒服的方式来疼爱孩子，母亲高傲，不擅长表达情感，不知道如何去爱丈夫和孩子，在这种家庭长大的真奈美，她的依恋关系处于十分不稳定的状态。

这是因为，父亲一方基本不在家，因而无底线地疼爱孩子，而母亲一方虽然陪伴在侧，却没有给予孩子温暖的爱。

这种混合型父母或关系很差的假面夫妻，他们的孩子无法信赖别人。而且，即便他们爱一个人，也不知道如何去爱，完全就像孩子一样，幼稚地渴望爱。他们一方面向对方索求无限的爱，但与此同时，自己却无法给予对方想要的爱。

不仅是恋爱，人际关系也一样。有些人乍一看和谁都能马上亲近，但从长远来看，即便看上去像亲朋好友，也会因为一点儿鸡毛蒜皮的小事而马上断绝关系，让迄今为止相处得很好的对方变得十分扫兴。

这也是因为"依恋障碍"导致他们的心底深处产生一种"恶咒"——"人最终都是不可信的，肯定会马上背叛、抛弃自己。既然如此，那不如由我来断绝关系，这样就不会受伤"。

所以，这类人无法从心底信任别人、爱别人，也无法坦率地接受别人给予的信任与爱。

如此一来，他们就会在不知不觉间进行"心理游戏"——"看看，你果然是个不值得信任的人"。

很遗憾，如果这样的话可能永远都无法获得真正的爱吧。

爱原本就不是夺取，而是给予。

如果能够在自己内心建造出"爱之泉"，那就不会被别人夺走，自己还能无限量生产并给予对方珍惜的爱。详细情况我将在第7章具体描述。

没有什么比具有给予爱的能力更厉害的了。

请建造心中的"爱之泉"吧！

精神依赖：无法离开暴虐的关系

佐知代（二十九岁）的同居男友嫉妒心很强，他不喜欢佐知代和朋友出去吃饭，甚至讨厌她给朋友发邮件和打电话。

所以，佐知代虽然除了去工作已经尽量不外出，但有些实在无法拒绝的活动必须参加，这时男友就会非常生气。最近，如果不乖乖地听他的话，他甚至还会怒骂、拍东西、扔东西。但当暴风雨过去，他又会哭着说："真的对不起，我绝对不会再这样了，我不能没有佐知代你啊。"

佐知代看着他的眼泪，想着"这个人很寂寞啊。如果没有我，他真的不行"，而且，她的男友在施暴后都会反省，甚至可以说非常温柔。于是佐知代最终每次都会原谅他。

因为父亲赌博借款且存在非正当男女关系,所以佐知代的父母在佐知代和她妹妹还是小学生的时候就已经离婚。离婚后,母亲一边在小酒馆工作一边抚养佐知代和妹妹。职业原因导致母亲喝的酒越来越多,而且似乎总是不断地向佐知代抱怨父亲,以及诉说自己的悲哀。

不久后,母亲接连不断地往家里带新男友。有时,母亲还坦白地告诉佐知代自己打掉了和男友的孩子,向佐知代寻求安慰。

佐知代讨厌母亲,也讨厌导致全家不幸的父亲。她的妹妹升入初中后也开始和一些操行很差的坏朋友到处玩。

佐知代的父母都属于靠不住的"幼稚型"。

因为精神尚未成熟就成了父母,所以他们无法对自己的家人和人生负起责任。

父母两人都因为内心脆弱而依赖各种各样的东西,最终自取灭亡。父亲毁在赌博和异性上,母亲则毁在酒和异性上。

这样一想,两个人从相遇到结婚或许也可以说是因为一种共同依赖关系，即作为异性相互依赖。

这种"幼稚型"父母的婚姻虽然一开始很开心，但在日常生活中会丧失机能，有孩子后会更容易破裂。女性年纪轻轻就有了孩子，然后离婚，和再婚的丈夫或者同居的男人一同生活，孩子被虐待致死……这种案例中的异性关系就属于这一组合。

可怕的是，在这种地狱中幸存的孩子，大概率会罹患"依恋障碍"。

如果有些人无法信任别人，总是回避和他人产生关系，那也有些人会像佐知代一样，即便受到虐待，也依然保持拖泥带水的共同依赖关系。

DV（Domestic Violence，家庭暴力）是一种深度的"心理游戏"，起初，施暴方为"迫害者"，被施暴方为"牺牲者"。但当被施暴方无法逃脱，然后变为"拯救者"角色时，施暴方就变为"牺牲者"。

根据不同情况，被施暴方有时也会站在"迫害者"立场进行思考："如果你下次再施暴，我就抛弃你。"

这种可怕的"心理游戏"就如此循环往复。

如果你还未摆脱这个"心理游戏"，请认真思考：你真的爱对方吗？

如果你真的爱他，请立刻和他暂时保持距离。

因为如果你一直在他身边，你爱的人就有可能继续伤人。

为了不将对方变成"迫害者"，请先保持一定距离吧。

偏执的好胜心,其实是在和自己较劲

伦子(四十二岁)无法忍受比她年轻的职员看不起她。

伦子是美容部职员,她高中毕业后就一直在现在这家化妆品公司上班,销售额也一直提高,因此公司很器重她。

但是,比伦子年轻好几岁的大学毕业生却渐渐升职,变成了她的上司,这对她来说是无法忍受的屈辱。

伦子对待人际关系总有尊卑之分。例如,即便是同龄的同事,她也要比较谁的收入更高,谁的孩子更可爱,谁的丈夫学历更高……如果觉得对方不如她,她的态度就很随便,而如果对方的条件比她好,她就表面上迎合对方,但心底却备感屈辱。

伦子的母亲总是要求伦子必须优秀，因为她自己是个准护士[1]，所以告诉伦子要努力学习然后成为医生。因此，伦子总是把周围的朋友当成对手。后来由于经济原因她没能上大学，但她在大型企业工作，而且有一个毕业于名牌私立大学的丈夫和优秀的孩子。

尽管如此，伦子依然不满足。

伦子的母亲属于"韩赛尔与格蕾特型"，她要用女儿的人生去消除自己的劣等感和屈辱，而这个"魔咒"却侵害了伦子的人生。

伦子无意识地用尊卑标准去对待他人，随意地决定胜负，所以对于比自己"低等"的人的态度就很骄傲自大，对于比自己"高等"的人则卑躬屈膝。

甚至，这类人因为无法客观地接受自己的失败和不足，容易将人生中的挫折都归咎于他人。

---

[1] 正护士和准护士都是日本国家承认的正规护士，都有对应的护士证，可以持证上岗。区别在于，正护士是大专以上学历的护士，参加全国统一考试；准护士是大专及中专学历的护士，参加各县（日本的县相当于中国的省级行政区）的统一考试。

所以，伦子的心底充满仇恨、愤怒、嫉妒等消极情绪。

伦子在"心理游戏"中一开始是"牺牲者"——"所有人都把我当作白痴"，然后转变为"迫害者"——"那样的话，就由我来惩罚他们吧"。在她的心底鸣响着"谁都不认可原本的我""软弱的我被当成白痴"的声音。

但是这世上有很多人都比自己优秀和幸运，所以伦子的内心总是很不稳定，因为她常常和人争输赢，有时欢喜有时忧。当然，这种行为无法在所有人际关系（包括家人在内）中构建真正温暖的关系，也无法使伦子获得真正想要的认可和尊敬。

如果你也处于像伦子那样悲惨的、左右为难的困境，请告诉自己——

你无须和任何人比较。

你在这个世界上独一无二。

人所拥有的物质条件不能决定幸福与否。

只有拥有一颗能感受幸福的心，人才能真正地沉浸于幸福之中。

为了真正变得幸福，请不要寻找自己没有的东西，而要试着数一数自己拥有的东西。

正如我一直所说的,"依恋障碍"在不知不觉间侵害着我们与周围的人际关系,原因是在童年时期未能构建起稳定的依恋关系,所以无法珍惜自己,即无法相信自己。

连自己都无法信任,更不可能信任别人。因为心底有这种"魔咒",所以关系越亲近就越复杂。

这类人其实比任何人都希望拥有温暖的安抚以及可以信任的关系,却不擅长表达,也无法领会。也有些人短时间内就立刻相信对方,并对对方抱有过度期待。

无论属于哪一种,这类人都容易因为情绪波动或者怀疑对方而变成"牺牲者""迫害者""拯救者"。

有几种方法可以制止"心理游戏"。例如,意识到自己总在进行游戏,或者用不同于往常的情感和行为来理解对方的语言和态度,以及将消极的安抚转变为积极的安抚等。

我的"重建依恋疗法"即像这样客观地让患者意识到问题,然后去控制想法、情感和行为,着重于重新建立童年未能形成的依恋羁绊。

从第5章开始,我会介绍如何靠自己克服"依恋障碍",在此之前,我将先在下一章中谈一谈"依恋障碍"会对育儿方式有怎样的影响。除了克服"依恋障碍",了解这一点也非常重要,希望大家仔细阅读。

第4章

从受害者到伤害者：
"依恋障碍"的"遗传"特性

/ "依恋障碍"就像遗传基因一样，有代际传递效应。

/ 也就是说，我们不能把"依恋障碍"看作自己一个人的问题，它还有可能波及子辈甚至孙辈。

/ 正因为如此，"怎么才能根除依恋障碍"这一点非常重要。

/ 所以在这一章中，我除了说明"依恋障碍是如何在代际间传递的"，还会提出几种阻止这种代际传递效应的方法。

"依恋障碍"会怎样影响下一代?

我每天都会进行"重建依恋疗法",第一步就是彻底地倾听客户的成长经历。

实际上,我在二十年里为三千余人提供过咨询服务,从中我了解到,一个人如果感到生活煎熬以及苦恼于人际关系,经常容易缺乏"安全感",那么其根本原因多半与"依恋障碍"有关。而且,我惊讶地发现,"依恋障碍"会对育儿方式产生极大影响。

确实如此,"依恋障碍"不仅会对自己产生影响,它甚至还会波及我们心爱的孩子,对他们的人生产生消极影响。

这种影响大致分为两种形式:

- 最后采取和父母相同的育儿方式
- 把父母作为反面教材，采取和父母完全相反的育儿方式

因为后者采取的是和父母相反的育儿方式，所以也许会令人觉得那就是积极的育儿方式。

但是事实并非如此。

采取和父母相反的育儿方式是因为对父母存在某些消极的想法，并且十分厌恶，所以故意采取完全相反的育儿方式。而这种育儿方式并不具备重要的育儿要素——"适可而止""适当"。

也就是说，这个类型的育儿方式完全受到了"不稳定型"父母的影响，这种育儿方式会影响孩子的依恋类型。

所以在这一章中，我们先来说一说这两种类型。

成为父母的复制品，继续伤害下一代

春香（三十九岁）有一个读初中三年级的女儿和一个读初中一年级的儿子。

她的丈夫是一家制造公司的销售，工作非常忙，休息日也常常因为工作不在家，春香也在为了还房子的贷款打零工。

因为平日忙碌，春香不由得对孩子们和丈夫十分烦躁。而且，她不擅长平静地说出压力，所以从孩子们小时候开始就总是和丈夫吵架。他们的争吵十分激烈，有时还相互拳打脚踢。

但春香没有对孩子们动过手，因为她自己小时候就因父母的暴力和谩骂而十分受伤。

春香的母亲一直很怨恨幼年时被父母抛弃。或许是因为这样，她每晚喝了酒就对春香抱怨，动不动就责备春香，还对她施暴。

春香幼小的心里很同情那样的母亲，觉得母亲很可怜，父亲则对妻子的行为视而不见。春香绝对无法忘记，母亲斥责她"你连畜生都不如。我要是没生你就好了"。

因此，春香坚决不对自己的孩子动手。

但取而代之，当她有什么不顺心的事情时，她就会有伤害自己的冲动，想让自己消失。她还会对孩子们说："没有妈妈就好了吧。我死了就好了吧。"而且，她有时真的会突然离家出走，或是拿出菜刀，令孩子们十分不安。

或许是因为这样，春香的一双儿女也不断争吵，还激烈地扭在一起打架。长女总是和朋友产生纷争，而且讨厌家人，回家也越来越晚。小儿子则不去上学，甚至割腕。

虽然春香下定决心，绝对不像自己的母亲那样养育孩子，而且她确实也没有对孩子们暴力相向，但是，她因为父母而身心受伤，自我肯定感非常低下，被施加了否定自己的"恶咒"。

因此，当她压力过大时就会被"想去死"这样的想法所侵袭，并欲转化为实际行动。这对毫无心理准备的孩子们来说也成了可怕的"恶咒"——"如果令我如此困扰，你们就会失去母亲"。

此外，激烈的夫妻吵架将"无法理解和感到痛苦时就这样伤害自己和他人"这种信息传递给了孩子们。

春香的做法和自己的父母不同,她想从孩子那里得到没能从父母那里获得的爱。

但这对于孩子来说太过残酷。

为什么这么说呢?因为孩子一生下来就无条件地爱着父母、需要父母。

因此,无论父母说了多少讨厌的话,孩子心里也无法憎恨父母,而且对于父母的不幸和伤痛,他们会比自己的事情还感到悲伤。

春香两个孩子的问题行为都来源于对母亲的爱和同情,还有"可能会失去母亲"的恐惧心理。这样的话,他们就和春香一样,当压力太大时,他们无法坦率地告诉对方或者冷静地处理,有可能会采取伤害自己和他人的行为。

春香在不知不觉间也和自己的父母一样,把伤害自己、伤害孩子的"恶咒"施加到了孩子身上。

以父母为反面教材，自己却成了孩子的反面"榜样"

信代（五十四岁）总是很担心三十二岁的女儿和三十岁的儿子。

最近女儿和女婿的关系很不好，女儿带着念小学的孩子们回了娘家。儿子迄今为止不断地换工作，现在又说想辞职。

"两个孩子都总让父母担心……我介入女儿和女婿之间，我也很费劲啊。还有儿子的公司，我也必须得去跟他们谈一谈……真是的！"

信代的母亲嫁入了一个做鲜花生意的家庭，身为长媳，她既要帮忙料理生意，又要做家务，还要养育孩子。

她的婆婆对她十分严厉，但对信代这些孙辈来说则是个非常温柔的祖母。

母亲很忙碌，而且不善于表达感情，好像几乎没有爱抚过孩子。信代几乎是由祖母抚养长大的。

信代是第一个孩子，祖母很溺爱她，而且认为这是对的。祖母连晚上也不离开信代，和信代一起睡，就像是要让信代疏远母亲一样。

对于这样的婆婆,尽管母亲觉得很生气,但似乎什么也没说。

信代长大后也不亲近自己的母亲,她觉得"妈妈很冷淡,是个古怪的人"。所以,信代为了不让自己的孩子觉得寂寞,一边工作一边亲自料理家务和照顾孩子,想成为一个最棒的母亲。但或许是太过依赖,孩子们即便过了三十岁也依然什么事情都和母亲商量,甚至让信代帮他们解决问题和烦恼。

因为有温柔的祖母在,信代确实没觉得寂寞,但祖母却对信代保护过度,而且因为祖母总是说母亲的坏话,所以信代幼小的心中深信"妈妈是个不机灵、冷淡的人"。

所以,信代对自己的母亲一直抱有抵抗感和厌恶感,这对她的育儿方式产生了影响,她以母亲为反面教材,养育了两个孩子。

祖母和母亲、祖父和父亲以及一起生活的姑母等大人们反复进行着"心理游戏",而信代就在这样的环境下长大。

可以说信代所接受的育儿方式非常不稳定,也不合适,即她缺乏理想的育儿榜样。

信代大多数时候都像祖母一样对孩子们保护过度,是个非常溺爱孩子的、温柔的母亲。而且因为信代对母亲的抵抗感很强,所以她在抚养孩子时,就算孩子任性和过度娇气,她也十分纵容。

因此,孩子们即便如今已经过了三十岁,但只要有一点儿讨厌的事情,他们就马上逃到信代的庇护之下,把麻烦事儿通通扔给信代。

按理来说,信代应该远观女儿、女婿的小争执以及和上司争执、辞职的毫无耐性的儿子,该插手时再插手。但实际上,她完全像对待小学生一样地照顾他们。

是的,即便是像信代这样采取和父母相反的育儿方式,但当孩子强烈抵抗和顶撞父母以及未能从父母那里学会恰当的育儿方式时,也会演变为畸形育儿。

以上就是两种具有代表性的育儿方式。

接下来,让我们来看一看那些在尚未克服"依恋障碍"的情况下就成为父母的人,他们成了怎样的父母呢?

如果没有克服"依恋障碍"
就成了父母

沙织（五十八岁）的父母在她三岁时离婚。

母亲带走沙织后，又在她五岁时以"生活艰苦"为由人间蒸发了。

后来沙织被福利机构收养，初中毕业时知道了母亲再婚的事情，她再次和母亲一家——母亲、继父、同母异父的弟弟妹妹一起生活。

虽然沙织很高兴能和母亲一起生活，但她马上知道了其实母亲并不想抚养她。因为母亲之前并没有让再婚的、比自己小的丈夫知道沙织的存在，甚至一开始骗丈夫说沙织是亲戚的孩子。因为这个原因，母亲再次离婚了，带着沙织和她同母异父的弟弟妹妹四个人靠低保生活。

母亲对沙织十分刻薄,压根不给沙织饭吃。

"你为什么不去你爸爸那儿?为什么一定要抓着我不放?我好不容易可以过上幸福的日子。"

因此,沙织一边上定时制学校[1]一边在白天打工,但工钱却全被母亲拿走,"工资都给我上交"。

几个月后,沙织离开家独立生活。

她二十六岁时结婚,马上喜得了一个千金。

但是,沙织却发现自己无法从心底去爱这个可爱的亲生孩子,她对此觉得十分罪恶。

尽管如此,她仍打算努力养育孩子,而不要像母亲那样。

可是,当女儿反抗她或行为举止不称她意时,她无论如何都无法原谅,母女关系日益严峻。

无论是福利机构还是被领养的新家,那里都没有大人能让沙织放心依赖。

---

1 一种利用农闲期、晚间等特别的时期、时间授课的高中教育课程,亦指进行这种教育课程的学校。

恐怕她在被福利机构收养前也是如此。

所以，她不知道孩子向父母撒娇是什么感觉，也不知道在家里放松生活是什么感觉。她常常注意着周围，为了不给别人添麻烦而像大人一样成熟处事，这是她活下去的唯一方法，所以她不知道也是理所当然的。

当她有了自己的孩子时，她发现自己不知道什么是身为人母应有的喜悦和母性。

当孩子不停哭泣时，她不由得对着孩子嘟囔"没生这个孩子就好了"，她有时也对这样的自己无理由地感到害怕。

尽管如此，她依然拼命养大了女儿。

沙织把女儿养成了一个老实人，可就算女儿向来乖巧，只是偶尔在客厅里懒懒散散的，或者乱扔自己的东西，可一旦如此，沙织就会非常焦躁并动不动就加以斥责。

沙织也很不擅长表扬和鼓励女儿。

后来，女儿成了一名药剂师。

内向的女儿不交男友，往返于公司和家之间，休息日就看看喜欢的漫画。

某天，沙织一如往常地对三十岁的女儿唠叨："你真的是不论什么时候都像孩子一样,就不能正经地恋爱和结婚吗?"

次日,女儿大量服药企图自杀。

我想,那个心思细腻的女儿一定在外面的世界承受了各种各样的压力,又或许是因为自己不论怎么努力都得不到母亲认可,以及对没有从内心表现出爱的母亲感到伤心。

沙织因为失去无法挽回的东西而倍感后悔,她不断自责,很长一段时间难以振作。

如果没有克服"依恋障碍"就成为父母,或许正如沙织一样,无法感受为人父母的喜悦,更无法让孩子感到生活在一个幸福的世界吧。

缺乏温暖的"内在小孩",如何长大?

千代子(四十岁)的母亲在千代子七岁时因病去世。

父亲在千代子九岁时再婚,她有了一个继母。

继母很温柔,千代子也对她很亲近。

但是,千代子十一岁时妹妹出生后,继母对千代子不再和之前一样。当然,继母并没有虐待她,只是千代子明白了继母对自己和妹妹有些微妙的不同。

因此,千代子努力地照顾妹妹,她似乎觉得疼爱妹妹是自己的职责,是让自己在这个家有一席之地的方法。

如今,千代子有一个读初中二年级的女儿和一个读小学三年级的儿子,两个孩子无疑都很可爱。

但千代子突然发现自己对大女儿的感情很复杂。她隐隐有些嫉妒，觉得"这个孩子被自己的亲生母亲疼爱着长大，真是个幸福的孩子，相比之下，我像她这么大的时候却非常操心"。

从女儿很小的时候开始，她就让性格温柔的女儿照顾小儿子，还向女儿发牢骚。

或许是因为这样，小儿子性格很孩子气，天真烂漫，女儿看上去则总是很成熟。

对于儿子的任性要求，她都会答应，觉得"真是拿你没办法呀"，而对女儿则觉得"说什么呢"。

当她听其他孩子的妈妈说起女儿好像被班里的女同学欺负了时，她才意识到问题。

孩子本该是无条件被父母爱着和认可的存在，正因为如此才能形成健全的依恋关系。

但是，如果孩子没能从父母那里获得足够的认可和温暖，就会像千代子一样，除了过度地去迎合周围，长大后还会要求自己的孩子承担父母的角色。这样的需求其实来自一直存在于心底深处的"幼小的自己"，那个曾经没能从父母那里得到无偿之爱却又十分渴望的自己。

这类人乍一看毫无问题,但"依恋障碍"却在他们的心底蔓延,阻碍着最重要的人——孩子的健康成长。

如果你也有过和千代子一样的想法,那么请一定要去治愈那个"幼小的自己"。

被孩子"控制"的父母：
过度保护不是爱

惠梨香（四十六岁）最近总被念初中二年级的独生子浩介折腾。她在接受不孕治疗后终于怀上了浩介，所以夫妻俩都十分用心地养育这个宝贝儿子。

浩介小时候虽然很娇气，但也是个诚实开朗的孩子。

但最近，他只要有一点儿不顺心就立刻爆发。

当惠梨香和丈夫商量这个问题时，丈夫却好像觉得全是她一个人的责任，对她说道："因为你没有更严厉地教导他，他才变得如此任性。"

但是，只要对他说一点儿严厉的话，浩介就会说"我不去学校了""我不吃饭了""我要去死"等。

于是，惠梨香只能看着浩介的脸色生活。

惠梨香的娘家人在东北地区务农。

她的父母都是沉默寡言的人,父亲喜欢在晚上小酌然后默默干活,母亲更甚,几乎没有见过她睡觉,她总是忙着田里的农活,忙着家务。

家里一共有五个孩子,惠梨香排行老四,因为母亲很忙,她几乎由年长许多的姐姐们带大。

母亲虽说不是特别严格,但也没细致到照顾孩子们的身心等,对孩子学习、升学几乎不关心,觉得"女孩子嘛,只要会做家务就可以了"。

惠梨香从中学开始减肥,尽管侧面看着已经非常瘦,但依然会控制饮食。她升入高中后也没来月经,毕业后立刻去东京上班,体检时她才第一次知道自己患有摄食障碍。

后来她结了婚,病情渐渐稳定,但至今仍然很怕胖,每天计算着体重过日子。

惠梨香的父母为了孩子勤勤恳恳地工作,是很认真的人。

但他们未关注到孩子的精神层面,因为他们表达爱的方法太笨拙,没能和惠梨香形成依恋羁绊。

惠梨香患上摄食障碍可能是无意识中的一种内心呼声——"我想引起父母的关心，希望父母爱我"。

惠梨香以这样的父母为反面教材，一心对自己的孩子倾注母爱，但她不知道爱和娇惯的区别。另外，因为爱孩子，导致她无法正确地批评和教导孩子。因此，浩介变成了一个抗压能力很弱，而且对自己的情感和行为不负责任的人。

实际上，孩子敏感地观察着父母的反应，不知何时学会了通过生气来控制母亲。如果父母放任不管，孩子没能接受恰当的育儿方式，那么当他们自己有孩子时，就不知道什么样的教育和爱才是适当的、妥帖的，于是他们所采取的育儿方式就是过度保护和过度干涉。

总之，这无疑就是"依恋障碍"导致的劣性育儿方式的代际传递效应。

从我们这一代开始，
治愈"依恋伤痛"

就像之前所说，如果人未能在童年时期形成稳定的依恋关系，那么问题最终就会显现出来，比如未能形成自我肯定感，就可能会在不知不觉间做出有损自己身心的选择。

另外，因亲子关系受伤的依恋关系会在今后的人生中投影在自己和亲近的人之间的关系上，因此一定要多加注意。

很多人会因为无法保持稳定的人际关系、逃避人际关系和执着于极端的关系方式而在"依恋"和"背叛"之间循环往复。

如果在无法克服"依恋障碍"的情况下就成为父

母，那这个问题就会清楚地反映在亲子关系上。

就如我在拙作《青春期男孩养育：父母需要知道的事》《青春期女孩养育：父母需要知道的事》中所写，孩子的很多问题都和父母的内心伤痛有关。

如果父母的内心受伤，那么孩子就会在无意识中察觉到，然后变成某些问题并体现出来。反过来，如果父母的心伤得以治愈，那么孩子几乎所有的问题都会得到改善。

所谓父母的心伤，换句话说就是"依恋伤痛"，这种"依恋伤痛"将来会成为健康、幸福人生的枷锁，我觉得这就是"依恋障碍"。如果不能在某处治愈和克服"依恋伤痛"，就会传递给下一代。

因此，某一时代的某一个人有必要注意到这一点，然后带着勇气和决心克服。实际上，我的病患中，那些扭转人生然后收获幸福的人都对此抱有决心。

你和你珍视的人一定可以摆脱一直以来的生活煎熬。所以，我希望大家一定要有克服"依恋障碍"的决心。

只要抱着改变的信念，就一定会改变

正如之前所说，我的父母并未无条件地爱我，我对此生气、叹气，潜意识中渴望得到父母的关心和后悔，即便是以死为代价。但因为女儿的话，我心中的某些东西瓦解了，并且重新形成了依恋关系。

"虽说生了孩子，但没有谁会立刻成为好父母。妈妈你已经不需要父母的爱了。因为现在我们才是妈妈的家人，重视妈妈，爱着妈妈。"这是十几年前我得了重病，向母亲求救却被拒绝时，我女儿对我说的话。当时，我女儿刚刚上高中，她照顾着几乎卧床不起的我，做家务，还照顾六只狗，晚上还给疼痛的我按摩右下腹。

在我发高烧紧急入院前，女儿除了给没力气的我洗澡，甚至还给我穿衣服。

当时，女儿从我身后抱住我。

"妈妈，没关系。我们会陪着你。妈妈不会死的。妈妈还有应该做的事情，所以不要担心家里，安心治疗吧。"

那个瞬间，我的身体就像流过高压电流一样变热。

我意识到，我穷尽一生不断渴求的东西就在这里。

我别无他求。

我被抬进医院时，体温从高烧39.6℃降到了36.7℃。这是我生病后第一次体温正常。之后，我决心做手术，再次接受了精密检查，发现四个地方的肿瘤全都消失了。我在多家医院都接受了CT检查，结果都是一样的，阴影全都消失不见……

因为科学无法证明，所以迄今为止我也不知道发生了什么。但有一点可以确定的是，女儿等家人为我解开了那缠得乱七八糟的依恋之线。

是的，"依恋伤痛"可以治愈，幸福的依恋关系可以以其他形式重新形成。

这成了我开创"重建依恋疗法"的契机。

之后，我暂时和父母保持了距离。

在那之前，我一直拼命奋斗，想要被父母认可，被父母爱，想对他们有用。

我的人生完全改变了。

我能够控制对孩子的情感，也能够从心底里爱孩子。我和周围人的关系也比以前更和善、稳定，工作上也取得了超越想象的成果。我开始能珍视自己，怜惜自己的身体。

那之后，我作为心理咨询师，开始帮助很多人一根一根地解开他们人生中缠绕的依恋之线，给予他们同样的幸运。

是的，我的确已经可以感受到出生在世上的喜悦。

那时我和父母的关系也有所缓和。我竟然对母亲有了爱的感觉，能比以前更温柔地对待她。而且我意识到，如今作为母亲的孩子，我只关注了父母没给我的东西。于是我开始关注母亲给予我的其他东西。

我最感谢母亲的是她很疼爱我的孩子们。

她在养育我时尚未成熟，但对孙辈来说却是最棒的祖母，她给予了孙辈更多的爱抚。

现在，我真心希望母亲健康、幸福，我知道母亲的想法也和我一样。

女儿等家人碰巧治愈了我受伤的依恋关系,现在我为三千余人提供过心理治疗,以我的经验来看,即便不靠家人,每个人或许也能独自治愈"依恋伤痛"。

如果你现在因为"依恋伤痛"而感到生活煎熬,对育儿感到烦恼,只要你抱有"会改变的"这样的想法,人生就一定会改变。

我总是在讲座中说"你要意识到伤痛,然后构建新的人生"。

首先,意识到自己的"依恋伤痛"非常重要。虽然"依恋障碍"这个词尚未普及,但如果意识到这个伤痛,就会知道自己为何感到生活煎熬。

接着,只要采取行动就可以构建新的人生。

来,请再次下定要克服"依恋障碍"的决心。

准备好了吗?

那么,让我们来具体地看一看克服"依恋障碍"的方法吧。

第5章

重拾安全感,
找到成为"安全基地"的人

我们在前几章中谈到了"依恋障碍"及其成因、影响,并断言"依恋障碍"是能够克服的。

从本章开始,我将基于我提倡的"重建依恋疗法"来说明克服"依恋障碍"的方法。

第一个方法是将别人当作"安全基地"。请务必仔细阅读。

究竟什么是"安全基地"?

正如之前反复提到的,如果亲子间形成了坚定的心灵羁绊,那么孩子就能放心地离开父母身边去探索世界,他们也许是去确认第一次看到的事物,又或许是去挑战感兴趣的事情。

在这当中,当孩子受伤、劳累或觉得不安时,会再次回到父母那里休整受伤的羽毛,补充能量,待充分疗愈后继续去外面的世界进行挑战。也就是说,父母对于孩子来说是"避难场所""安全基地"。

但是,如果一个人童年没有"安全基地"或者父母本身就是"危险地带",那么这个人就会恐惧外面的世界,也很难挑战新事物。

又或者,因新事物和外面的世界而受伤,却无法治愈伤痛，那他就有可能越来越无法挑战。

　　这样的话，这个人就会被不幸的绳索所束缚，自我肯定感变得更低下，人际关系也会更糟糕。

　　"重建依恋疗法"是一种帮助你在心底深处即在潜意识中重新构建某些"安全基地"的方法。

　　虽然一部分人是和现实世界的父母重建羁绊，但大多数人却是和除父母外的其他人构建新的羁绊。

　　那么，如何才能找到成为"安全基地"的人呢？

　　让我们在下一个小节中来详细看一看。

寻找成为"安全基地"之人的要点

寻找成为"安全基地"之人时请注意以下六大要点。

要点一：寻找能真心信任的人

我已经反复说过，克服"依恋障碍"的方法之一就是找到能成为"安全基地"的人。

这类人很少是现实世界的父母——他们曾经没能成为孩子的"安全基地"，但也不是没有这种可能。

有些父母患有"依恋障碍"，当年尚未成熟，未能成为自己孩子的"安全基地"，但在经历成长后，精神上变得成熟，这时他们就可以作为"安全基地"发挥机能。

当然，我们有必要辨别父母是否已经成长到这种程度，如果确信"他们现在可以信赖"，那也不无可能。

但大多数情况下，建议还是不要抱有期待。

即便不是父母，也还有精神成熟的人在，有那样的人作为"安全基地"是幸运的事情。

不过，尽管有那样的人在，但千万不要单方面决定把对方当作"安全基地"，依赖他们，对他们有所期待。

务必要遵守之后所说的注意事项，尽可能不给对方添麻烦。

要点二：鉴别对方是否能成为"安全基地"

寻找成为"安全基地"之人时，请鉴别此人是否适合。

我觉得这一点非常困难，"如果一开始就鉴别出这样的人，就不会因为人际关系而辛苦了吧"。

所以，让我来教大家几个鉴别的诀窍。

适合做"安全基地"之人的首要特征是"性格稳重"。他不会因为一点儿小事就急躁，处事从容，即便你诚实地告知他，你一直以来十分辛苦，他也能接受，这很重要。

当然，最重要的是，他是否能自控，是否能和周围的人构建良好的信任关系。不管那个人说自己"多有力量，多幸福"，但如果他周围的人认为并非如此，那就没有意义。他是否既没有伤害周围的人，同时也没有令自己受伤呢？不仅仅是经济能力和地位，更重要的是作为一个人，他是否和善？

请仔细鉴别以上特质。

无论这个人多有力量，但如果他的言行伤害到他人，那么他就不适合作为"安全基地"。

要点三：真诚地告知自己的想法

如果你找到了能成为"安全基地"的人，那就请真诚地向他坦白你的事情吧。

也许在如今的人生中，你曾多次真诚地告诉别人自己的事情，然后向他求助，你们的关系暂时发生了变化，之后你也许又后悔向他坦白。

导致这种情况的主要原因大致可以分为以下两种：

- 那个人还不够成熟到成为你的"安全基地"
- 你在不知不觉间愚弄对方，令对方觉得厌烦

某个人成为你的"安全基地"绝不代表你可以向对方过分撒娇或者伤害对方。

当你意识到"依恋障碍"并决心克服且采取行动时，你已经开始克服它了。

你不再是从前的你。

作为一个成人，你必须信赖成为"安全基地"的人，并对他心怀感激。

成为"安全基地"的人可能有时会给予你忠告，有时也会斥责你。

因此，你要事先告诉对方："我可能会情绪化，会冲动，那时希望你能教导我。"

要点四：试着相信对方

迄今为止，你可能有过很多次信赖别人又被别人背叛的经历。如果是这样，那么你一定很害怕相信别人和告诉别人自己的事情吧！

但是，就像刚才所说的那样，那是因为你信错了人，或者是双方的关系对彼此造成了伤害。

当你鉴别一个人是否能成为"安全基地"时，首先试着信赖那个人吧。如果你中途觉得被背叛了，那就试着坦率地告诉对方。如果实际上并没有被背叛，你就可以从不同的角度来看待这件事：为什么自己会觉得被背叛了呢？

请试一试吧，这样一来，"心灵之眼"中乌云密布的天空就可能会放晴。

要点五：不要抱有过度期待

一个人觉得被背叛大多是因为对对方抱有过度的期待。

有些人的言行的确会对别人造成伤害，但大多数人都很普通。

如果成了亲近的关系，人就容易认为"绝对不会受伤""无论怎样对方都会懂我的"或者"他应该和我拥有一样的价值观"等，但实际上这正是导致你觉得"我被背叛了""我受到伤害了"的原因之一。

人一开始就是独立的个体，每个人心中都有各自的标准，并用自己的标准去衡量同样的经历和事物。因为标准本身就各不相同，测量值当然也不同。

但是，人都深信别人的标准和自己一样。

因此请明白，成为"安全基地"的人和你有着不同的思考方式和感觉，这是正常的。

在很多情况下，你的标准和他的标准都不是正确答案，但也都没有错。

要点六：客观地看待事物

只要不是骗子或者完全没有良心的坏人，就几乎不存在背叛和被背叛的关系。但是，即便知道不存在，人有时也会觉得自己被别人背叛了。

当你这样觉得时，你是否客观地思考过自己、对方以及发生的事情？

不要总是让自己陷入厌恶的情绪当中，这很重要。

如果逐渐了解了自己的习惯，那么在发生那样的事之前你就可以成熟应对。

当然，如果能尝试别的形式，比如"啊，如果说这种话，最后就有可能变成这样"或者"因为迄今为止一直这么做，所以受到了伤害。因此做个不同的选择吧"等，结果就会大不相同。

以上就是寻找成为"安全基地"之人的要点。

请你以此为参考，一定要迈出克服"依恋障碍"的第一步。

如何摆脱消极的"心理游戏"

如果一个人患有"依恋障碍",那么他在人际关系中就容易以厌恶的心情结束交流。

我已经在第3章中进行过说明,这在"交流分析"中被称为"心理游戏"。人们各自在"心理游戏"中扮演"迫害者""牺牲者"和"拯救者"的角色,然后在对话中一边更换角色一边结束交流。

因此,克服"依恋障碍"的方法之一就是不进行这个"心理游戏"。

首先,我们要意识到自己总在和周围人进行"心理游戏"。

提起"心理游戏",你可能会觉得很难理解,但它其实就是一种和亲近之人的交流方式。例如,父母训斥孩子，孩子忤逆父母，然后父母勃然大怒。于是，孩子就提起父母的弱点，最后父母和孩子都以厌恶的心情结束交流。

如果意识到了这一点，那就想一想自己在这场交流中变成了"迫害者""牺牲者"还是"拯救者"。

假若开始交流，请试着站在客观的立场上进行思考，而不是站在"迫害者""牺牲者"和"拯救者"的立场。

一旦养成了这种习惯，那么在人际关系中，你就能渐渐以不厌恶的心情结束交流。

明确对待"积极爱抚"和"消极爱抚"

如前文所述,人类真正希望的刺激被称为"积极爱抚",讨厌的刺激则被称为"消极爱抚"。

让我们试着想一想如何通过改变这种爱抚来克服"依恋障碍"吧。

患有"依恋障碍"的人可以说未得到充分的"积极爱抚",或是只得到了"消极爱抚"。"重建依恋疗法"即利用"积极爱抚"令人形成新的依恋关系。

或许迄今为止,你都很不擅长坦白地告诉对方,"希望你温柔一些""希望你爱我",又或者你可能只是单方面地向对方索求温柔和爱。但这样并不能获得"积极爱抚"。

另外，因为太爱对方或太想要对方的爱就甘心接受对方的暴力和谩骂，那你也会得到你不想要的"消极爱抚"。

无论哪种案例，我想说的都是，希望能被称为"安全基地"的人不对你做这种畸形爱抚。

为什么这么说呢？因为结果很有可能会和你的心理期望值有很大落差。

请一定要问一问自己的心："现在，我真正想说的是什么？""现在，我真心想告诉这个人的想法是什么？""这真的是我想要的吗？"

然后，请坦白地告诉对方，"现在我希望你能帮帮我""我希望你能温柔地对待我""我想珍惜你"。

你一定会发现，自己能以非常自然的形式进行"积极爱抚"的交流。

设定小目标，一步步走向理想状态

意识到"依恋障碍"，决心改变人生，采取行动……于是，你自然而然地能够克服"依恋障碍"并改变人生。

但是，如果不知道自己如何改变才能称得上克服或者改善"依恋障碍"，那就无法克服。就像如果你只想着"好想去某个凉爽又美丽的地方呀"，那你是到不了那个地方的。

首先，决定这个地方是哪里很重要。如果决定"我想去北海道"，那你就离目的地更近一步，但北海道很大，所以还不知道去哪里好，于是决定"我想去北海道的带广市"。

如此，目的地便很清楚了。

但是，如果不知道自己现在的所在地，那甚至连导航也无法设定。

如果只是"那个……我在东京"，那还是不明确，如果是"我在东京的永田町"，这样的话，你前往带广市的可能性就提高很多。

也就是说，正因为目的地和现在所在地都明确，才知道怎么前往目的地。

因此，首先要明确地决定自己想怎么样，之后，明白自己现在处于什么状态，这一点很重要。通过这样决定自己有几个可选项，然后选择哪一个。

那么，首先请想一想当你发生怎样的变化时可以说达到了一个小目标，比如"减少和父母吵架""不再承受对方的暴力""不对孩子抱怨"等。当你的小目标不断积累后，就会到达最终目的地即大目标。

是的，达到最终目标的关键在于不断设定小目标。

克服"依恋障碍"的关键：
从依赖到独立和自律

从成长到离开父母独立，孩子必须经历各种各样的阶段。

在婴儿时代，孩子的一切都依赖父母，然后渐渐地，他们可以自己走路，自己穿衣服，开始接受外界的各种挑战，最终自己赚钱独立……

除了物质独立，还有精神独立。

我们在孩提时代从父母那里接受到的语言、非语言信息决定了我们的思考、情感和行为模式。

当我们长大成人时，那些信息如果能让人变得幸福，那就不会有任何问题；反之，不恰当的思考、情感和行为模式就会导致生活煎熬。要注意的是，那时我们能否意识到这一点并进行恰当地控制。

我们将能够自己控制思考、情感和行为称为"自律性行为"。

然而，人在患有"依恋障碍"的情况下，大多都处于依赖性很强的状态，毫无自律性可言。这种依赖有可能是对人，也有可能是对酒精等物质，还有可能是对愤怒、嫉妒、仇恨之类的消极情感和行为。

因此，控制自己的思考、情感和行为也是克服"依恋障碍"的关键之一。

的确，让某个成为"安全基地"的人允许你暂时依赖他是很重要的步骤。但是，完全克服"依恋障碍"的最终目的在于精神独立及能够自律。

这一点非常重要，希望大家能铭记于心。

发自内心地感谢成为"安全基地"的人

至今,我作为治疗"依恋障碍"的心理咨询师帮助了许多人,但患重病前的我尚未克服"依恋障碍"。

对我来说,成为"安全基地"的人无疑是我的女儿,当时她才刚刚升入高中。

在我身患重病、决心死亡的时候,女儿告诉我"妈妈的家人是我们。我们爱妈妈,需要妈妈""没关系。妈妈绝对不会死的。我会守护妈妈"。

那些经历足够唤醒我。

我穷尽一生寻找的爱与幸福,原来就在我身边。

现在想一想,从鬼门关回来的我还没有健全地发挥作为一名母亲的作用,那之后我就想要发自内心地成为孩子们"真正的母亲"。

真正的母亲，也就是说，我也想像女儿所做的那样，成为孩子们的"安全基地"。

然后，我为了克服自己的"依恋障碍"而学习并付诸了实践，即便有时筋疲力尽，我也正面迎击。

虽然之后我和儿女之间也发生了很多事，但我们现在仍保持着温暖和相互信赖的关系。

我从心底感谢成为"安全基地"的女儿，希望在我的人生中加倍回报她。

如果你也有了可以成为"安全基地"的人，那么请坦率地告诉对方你的谢意。

在之后的章节中我们也会说到，你自己也会在某个时候成为别人的"安全基地"。

第6章

在自己内心建造"安全基地"

/ 有很多方法能克服"依恋障碍"。

/ 其中,"重建依恋疗法"的关键在于意识
  到并治愈内心受伤的"幼小的自己"。

/ 除此之外,我还将在这一章中介绍几个在
  自己内心建造"安全基地"的方法,对很
  多人都有效,希望大家一定要试一试。

心态决定命运，
用潜意识构建自己的心态

虽然有"运气很好的人""运气很差的人"这种说法，但实际上，运气这个东西也有个体差异吗？

我觉得有。不过，那并不是神给予的偶然，而与"人的内心状态"有关。例如，一方面，有的人总在关注别人的优点、令人羡慕和尊敬之处等，那他们就容易觉得"我周围有好多优秀的人啊"，这样的感觉会在不知不觉间流露出来。自然，他们所表现出来的表情和言行就会令别人感到敬意和亲密。

另一方面，也有人总是看向别人的缺点、讨厌之处，他们大多会觉得"受不了这个人"。这样的人就容易在不知不觉间对别人建起一堵墙。

容易看到别人优点的人和容易看到别人缺点的人，这两者之间有什么区别呢？前者无意识地受人喜欢，而后者则被人敬而远之。这样一来，你不觉得运气的多少就会明显不同吗？

的确，我们也许可以说天生就漂亮、聪明、有钱的人运气很好，而感觉不太好、自以为是的人就会被大家讨厌，最后就很难得到心底渴望的深度关系。

这样的话，无论天生的运气有多好，最后也有可能变成运气很差。

所以，我觉得一个人"内心的状态"对于运气的好坏影响很大。可以说一个人的外在世界就是内在世界的投影，即这个人迄今为止的内心世界导致了他的现状。

内心状态对于人类的生存发挥着非常重要的作用。

这二十多年里，我一直在为人们治疗内心深处的"潜意识"，那些经验令我确信"正是潜意识的世界构建了人生"。

潜意识无法区分现实和想象，也就是说，我们深信到达潜意识的信息均来自现实世界。而且，潜意识负责管理意象，我们也可以说是意象构建了内心世界。

如若如此，那么即便在现实世界中，真实的父母在人性上尚未成熟，未能作为提供安全感的父母发挥机能，我们也可以在意象世界中创造提供安全感的父母。

是的，当童年时父母没能成为我们的"安全基地"，之后也没有能成为"安全基地"的人时，我们也可以在自己的潜意识中建造"安全基地"。

实际上，如果潜意识中的"安全基地"对一个人来说具有内心支柱般的力量，那么它就会和真实父母发挥同样的机能。

这非常棒，是吧！

接下来，我们来看看如何在自己潜意识中建造"安全基地"，这对于克服"依恋障碍"来说非常重要，所以请仔细阅读。

建造自己的专属放松区

有很多方法能让人在自己的潜意识中建造"安全基地",让我先来教大家第一个方法,即"在自己的潜意识中建造'神圣领域'"。

这个方法非常简单。

首先,请确保你拥有独自享受悠闲的时间。

如果你说"因为有孩子,所以没那样的时间",那就享受躺进被窝后入睡前的时光,或者泡澡的时光也可以。

如果保证了时间,那就闭上眼睛,悠闲地反复深呼吸。然后,请在心里默念三次"渐渐冷静下来了,心情悠闲,感觉不错"。

接着,慢慢地从二十倒数到一。数到一后,请慢慢吐气。

等到呼吸稳定下来、心情沉静后，请在心里想象对你来说"最安全、最放松的地方"，可以是你实际去过的地方，也可以是你没去过的地方，或宇宙和深海等现实中去不了的地方也没关系。

尽可能详细地想象那是个怎样的地方。

- 那里的空气怎么样？
- 温度怎么样？
- 可以看见什么？
- 能听见什么声音？
- 你心情怎么样？
- 你身体感觉如何？

如果能想象出来，那接下来，请试着找一找其中你觉得最舒服的地方吧。

找到后，在那个地方放上你最喜欢的沙发或床，又或者是保护你的密封舱、箱子、大口袋等也无妨。

你在那里彻底放松，非常惬意，你的身体完全就像沉浸其中一般，那是个非常安全、温暖的地方。

没有你的允许，没有任何人可以踏入那里。

当你在那里时，你受到了全方位的保护。

你的身心和灵魂都能在那里得到治愈。

那里是你充电的地方。

只要在那里，你就可以和自然界一切能量相联结。

你会从宇宙、大地获得美丽、温暖的能量。

如果你觉得身心和灵魂的某处受了伤，非常脆弱，那就给那个部分注入很多能量吧。

无论何时，只要你需要，你都可以来到这个地方。

这是你的潜意识中最温暖、最温柔的地方。

怎么样？

这个方法很简单吧？

虽然简单，但效果很出众。

因为一旦你在自己的潜意识中建造了这样一个"神圣领域"，那么当你软弱时，你的潜意识随时可以将你带到这个地方。

当然，你也可以有意识地每天都到那里放松。

希望你一定要实践一下。

从喜欢自己开始，
成为自己的"安全基地"

在自己内心建造"安全基地"的第二个方法是"自己成为'安全基地'"。

但是有前提条件，那就是提高自我肯定感。

为了提高自我肯定感，以下三点非常重要：喜欢自己、宽恕自己、放下憎恶。

接下来让我们依次分析。

喜欢自己

我在很长一段时间里都觉得："连父母都不喜欢我，

还有谁会真心地爱我呢？"

但正如我多次所说，以我身患重病时发生的事情为契机，我才意识到"有很多人爱着我"。同时我也意识到，正是"没有人会爱我这种人"的想法束缚了我的心，从而导致我无法坦率地接受来自他人的爱抚。

那之后，我尽可能地对他人面带微笑，表达感谢与体谅。

于是，我和周围人的关系渐渐缓和。

不可思议的是，我渐渐地喜欢上了曾经那样讨厌的自己。

不过，如果我身患重病时没有发生那件事情，我也不会觉得"有人在爱着我"吧。

那么，要怎么才能喜欢自己呢？

虽然一开始肯定不太顺利，但希望你能体谅别人。

如果你这样做，你就一定会和我一样，和他人的关系得到缓和，最后喜欢上自己。

哪怕从今天开始，请试着改变对待别人的方式吧。

宽恕自己

宽恕自己也是提高自我肯定感的必要条件。

如果你在迄今为止的人生中有过无法原谅自己的罪恶感，那么请试着默念这段话：

"我确实……。正因为如此，我决定今后……。我决定要让我的人生有意义。"

我以前在一线做动物救助志愿者时，有一只小猫因为我的过失和傲慢死去了。我非常自责，几个月里一直在思考要如何赎罪。

但是，自我肯定感低下的我日复一日地被一种想法折磨——"如此垃圾的我，只能以死谢罪"。

可是，因为当时我家养了六只狗，我就想："如果我死了，这些'孩子'就变成孤儿了。那样不行，我带着这些'孩子'一起死吧。"

那时，有志愿者同事注意到了我的心情，他们联系了一些领养者，并请他们发来了我曾经救助过的那些小猫小狗幸福生活的照片。

当我看到那些照片时，我想："我的确犯了一个无法饶恕的错误。正因为如此，在今后的人生中，我要多救哪怕一只猫和狗,这样的话,那个'孩子'来人世走的这一遭是不是就有意义了呢?"

当然,这样的决定并未能完全抹去我的罪恶感,但我至少能继续活下去了。

如果你也有必须终生背负的罪恶感,那么希望你试着参考我所说的话。

放下憎恶

放下对他人的憎恶对克服"依恋障碍"也很重要。尤其是,"依恋障碍"本就源自亲子关系,所以孩子容易对父母抱有怒气和憎恶。

但是,"我无法原谅抛弃我的母亲""我憎恨伤害我的父亲""等父母年老变弱时我要报复""父母为了自己的幸福利用了我"等想法其实还包含了另一种情感,那就是无法舍弃父母,依然不自觉地索求父母的爱。

如果真的放弃了父母,那就应该没有任何特别的想法。

也就是说,憎恶、愤怒和过度不自然的漠视就证明依然对父母抱有想法。如果真到了这样的地步，那么孩子即便成人后也会在不知不觉间对父母有所索求和期待。

但是，假如有些父母会以某种形式回应这种期待，那尚有得到回报的可能性，但很多情况下并非如此。

你憎恨某些人，或者不自然地避开某些人，代表你现在依然被那个憎恨的对象所束缚。明明那个人现在和你没有任何关系，但他仍旧在对你产生着消极影响。

如何？你也有过这么愚蠢的经历吗？

如果你真的还恨那个人，那么，请你无论何时都别再给他那样的力量。

你要比任何人都幸福，得到他没有得到的东西，成为你心里想的那个自己。

也许这比任何复仇都有用。

像"理想父母"一样，
拥抱你的"内在小孩"

即便现实世界中没有能成为"安全基地"的人，你也可以在自己的潜意识中制造能成为"安全基地"的人。

比如，如果你小时候看到朋友的父母时，想着"啊，如果他们是我的父母就好了"，那你可以在想象的世界里把他们当作父母。

如果你能想得很明确，也可以把电视剧、电影、动漫世界中的人物当作父母。

甚至可以将现实世界的人物和非现实世界的人物结合起来，比如，父亲是高中时的班主任，母亲是很喜欢的动漫角色，等等。

如果你觉得"现在的我似乎能成为好父母"，那么你也可以把自己当作潜意识中"幼小的自己"的父母。

或者,"现在的我虽然还没有自信,但如果是未来的我,一定能成为好父母",那么把"未来的自己"当作父母也不错呀。

确定了潜意识中的父母,接下来就开始想象吧。

请试着在脑海中想一想以下问题的答案。

- 当你出生时,你的父母是什么样的心情?当他们抱着你时,他们又对你说了些什么?
- 当你还是婴儿时,是和谁一起睡的?如果你哭了,你的母亲是怎么做的?
- 当你小时候感到寂寞时,你的母亲是怎样安慰你的?
- 你的父母想让你过怎样的人生?
- 当你做不能做的事情时,你的父母是怎么责骂你的?
- 你的父母说你哪里很可爱?
- 你的父母表扬你时是怎样的表情?他们是怎么说的?

像这样,请在想象中把你在孩提时代想获得的东西、想听到的话告诉"理想的父母"。

这样至少能让满身伤痕的你的心得到些许治愈吧。

倾听"未来自我"的声音：没关系，你真的很努力了

也许你现在仍然感觉生活煎熬，有时人际关系也处理不好，还缺乏自信。

但是，当像这样学习"依恋障碍"相关知识，意识到并想治愈"依恋障碍"时，你已经踏上了克服"依恋障碍"的道路。

因此，未来的你应该会比现在对自己更满意，应该会和周围的人构建更温和的关系，朝着目标抱有希望地生活。

那可能是五年后，也可能是三年后、一年后，请试着想象一下那个"未来的自己"。

如果觉得貌似很难，那你就想象一下周围人、演

员或者小说人物等之中有谁过着你"想要的这种生活方式"吧。

然后,请试着将这个人和自己重合。

那时的你是怎样的表情,穿着怎样的衣服,以怎样的声音说着怎样的话呢?

另外,你和周围的人构建了怎样的关系,那些人又是怎样看待你的呢?

如果你能充分地想象"未来的自己",那就试着思考一下那个"未来的自己",会给现在的你怎样的建议呢?

无论好坏,人都会渐渐改变。如果有意识地想往好的方向改变,那变好的可能性必定更高。

我想未来的你一定会对现在的你说:"没关系,你真的很努力了。"

好了,以上就是在自己内心建造"安全基地"的方法,我已经悉数相告。无论你选择哪种方法都可以,重要的是,希望大家自信地去实践。

第 7 章

克服"依恋障碍",
成为别人的"安全基地"

/ 建造"安全基地"对克服"依恋障碍"
  非常有效。

　　　　/ 但同样地,自己成为别人的"安全基地"
　　　　　也收效甚佳。

/ 而且,通过了解爱的真谛,自我肯定感
  会得到提高,也会让自己更爱自己。

　　　　/ 在这一章中,我将论述成为别人的"安
　　　　　全基地"的意义、方法和注意事项等。

感情里，谁更认真谁就输了？

我经常听到"认真就输了"这句话。

这或许意味着"被人迷恋"比"迷恋别人"的立场更加强硬。例如，孩子问父母"爸爸妈妈为什么会结婚呢"，父亲回答"因为妈妈喜欢爸爸"，母亲则回答"因为爸爸说'如果你不跟我结婚我就去死'"。

女性们的恋爱故事中似乎时而会出现"我绝对不主动告白，不然感觉像输了""和喜欢的人交往更幸福""和第二个喜欢的人结婚会更幸福"等话语。

最近甚至还常听到年轻的男性说"被甩了会受伤，所以只要不确定对方对我有意思，我就绝对不告白""因为被喜欢的女人玩弄了，所以就和向我告白的人交往，享受对方的奉献，这样更快乐"。

但是，真的如此吗？

我不这么认为。

的确，被对方需要可能更令人觉得自己有价值。但实际上，这只不过是人对自己消极地估价。

"依恋障碍"导致人在恋爱、结婚、亲子关系等方面产生了各种各样的障碍。无法坦率地爱人及接受他人的爱也是其特征之一，因为不知道如何构建互相认可、互相提高的相互关系。

爱情就像金钱一样流通，也许是因为人们错以为"爱情是物质性的东西，如果流向这边，那么那边就会变少"。

主动去爱更容易幸福

接下来,我来说一说为什么我不认为"认真就输了"。

的确,被别人爱和需要令人觉得很开心。但是,如果只有被需要才能获得爱,那就存在可变性。

为什么这么说呢?因为我们并不知道谁会在什么时候给予我们想要的爱。如果给予爱的权限掌握在对方手中,而自己只能一直等待,那么为自己倾注爱意的可能性就掌握在他人手中。即便有人给予我们爱情,但如果那并不是我们需要的爱,那么我们的满足度就会很低。

因此,我想提倡一种积极的生活方式,即"主动去爱"。

如果能毫无畏惧地去爱,那就更有可能获得自己真正想要的爱。当然,有时也得不到,有时还会受伤。

虽说如此,但你的价值并不会下降,爱其他人也是你的一大优点,因为这会成为支撑你活下去的力量。

此外,如果一个人爱其他人,他就会分泌一种名为"后叶催产素"的荷尔蒙,这种荷尔蒙可以减轻压力,提高学习意愿和记忆力,还能提升免疫力,因此,后叶催产素也被称为"幸福荷尔蒙"。

女性分娩和哺乳时,后叶催产素值会变得特别高,因此也可以说它是和依恋关系十分紧密的荷尔蒙。

成长与改变，
在于成为别人的"安全基地"

就像第5章所说，找一个人成为你的"安全基地"对克服"依恋障碍"非常有效。

但在现实世界中，鉴别他人是否能成为你的"安全基地"可能非常困难。

其实，只要下定决心，你也有可能成为别人的"安全基地"。

当然，成为别人的"安全基地"会伴有很大的责任。

因为这并不是只需要单纯地爱对方，不向对方要求回报，而是接纳、认可和照顾对方。

也许你有时会失望、会受伤，但你依然要做好承担风险的准备，继续面对对方。

成为别人的"安全基地"这件事会令你成长，让你了解爱的本质以及知晓人生的意义。

也许你会觉得"我自己也患有'依恋障碍'，无法成为别人的'安全基地'"。

但是，有很多通过"重建依恋疗法"克服了"依恋障碍"的人都将给予他人的爱作为资源，从而改变了自己。

我也是其中之一。

如果我没有女儿、儿子和六只狗，我应该至今也无法相信自己和别人，仍旧向别人索求无偿的爱，然后万分痛苦吧。

不，我想我很可能早就丧命了。

爱这个东西并不是一定要从谁那里得到，即便只是很渺小的爱，也可以在心里将它养大。

我希望你明白，我们可以通过将爱倾注给别人来让自己的内心得到满足。

内心安稳是对自己最好的回报

成为某人的"安全基地",以此来爱人是怎么一回事呢?

绝对不是以自己为中心去爱人。

所谓真正的爱,是不给对方添麻烦,不给对方造成负担的爱。如果为了得到爱而去爱别人,那么这份爱是为了自己,是自私的爱。

"这是为了你……""正因为爱你……"等话语常出现在恋爱和亲子关系当中。

但真的是这样吗?这难道不是为了打消自己的不安,或者想利用某些人去实现自己曾经没能实现的梦想,而令自己更满足吗?

爱就是爱。即便自己有损失,也不生气,不憎恨对方，依然爱对方。正因为如此，爱才具有很大的力量。不要求对方回报的爱既不会受任何人威胁，也不会有所损失。

我曾经也以"因为我爱你们"为正当理由，从心底希望孩子们考入偏差值[1]高的大学，然后进入大型企业工作，但是在我得了一场重病并直面死神后，我才发现我对孩子们的期望只是幸福健康地生活。

之后，我对孩子们的言行明显有所改变。

那么，事情发生了怎样的改变呢？

我和孩子们的关系有所好转，我的内心也变得安稳。

我觉得这是对我来说最好的回报。

1　表示个人学力等的检查结果与集体平均值之间差距程度的数值，为偏差除以标准偏差后乘十再加五十。

在自己内心建造"爱之泉"

正如我一直所说,爱对于人类来说不可或缺。

那么,如何才能得到爱呢?难道只能寻找爱我们的人,然后一直等待那个人给我们倾注爱吗?

不,不是的。

爱已经在我们心中。严格来说,每个人的心中都有培育爱的装置,觉得缺爱的人只是还不擅长使用那个装置而已。

我曾在第6章中提到在自己的潜意识中建造一个安全的"神圣领域",请试着想象一下那"神圣领域"。那里对你来说,是一个能获得很多能量且无论何时都能得到治愈的"安全基地"。你能在那里的某一个地方找到一处泉水,那里的爱意喷涌而出。

实际上，那正是"爱之泉"。那处泉水有一个开关，让爱像喷泉一样喷涌。

请打开那个开关。

泉水来自你的灵魂至今为止接受到的爱、感谢、温柔和温暖，源源不断，不断地流向你的内心和整个灵魂，而你的爱的能量则会流向其他人。

为了让泉水喷发得更加有力，你应该爱自己、称赞自己、犒劳自己，这样你就能切实地感受到满满的爱意。

不是互相依赖，而是共同自立

这个世上，有些人十分亲切，总是照顾别人、帮助别人。

乍一看他们是很好的人，但其中也有些人令人觉得困扰，他们误会爱就是降低对方的能力和可能性，由自己为对方办妥一切事情。所谓"毒父母"、遭受虐待的恋人和配偶等也是如此。

成为别人的"安全基地"并不是始终照顾对方，也不是即便被殴打、受伤也不离开对方。

为对方办妥一切的行为相当于剥夺了对方靠自己解决问题、跨越困难的能力。

即便一直被殴打、被伤害也留在对方身旁，这种做法也可以说是增加了对方成为"迫害者"的可能性。

如此一来，你不仅不能成为别人的"安全基地"，还有可能导致你自己的"依恋障碍"恶化。

当你想成为别人的"安全基地"时，如果对象是孩子和宠物，那么你必须适应其年龄和能力去照顾他／它、保护他／它。但如果对方是成年人，那就有必要避免对方依赖你。

有时，对方可能会做出一些试探你的行为，比如过度撒娇、让你困扰等。

那时，你要在表达共鸣的同时告诉他"做不到就是做不到。但我不会抛弃你，我们一起思考该怎么做好吗"等，让他作为一个独立的成人自立，而不是相互依赖。

这种做法也是成为别人的"安全基地"的方法。

爱他，就给他安全感

当你想成为一个人的"安全基地"，而那个人是你的恋人或配偶时，那对于对方来说实属幸事。

为什么这么说呢？因为对方爱你、信赖你、最需要你的爱。

这时一定要注意不要混淆爱和过度保护，以及不要打着"安全基地"的旗号，做出类似对方父母的言行举止。

归根到底，对方是你的恋人和配偶。请你以恋人和配偶的身份给予对方爱和信任。

你也没必要总是一味忍耐，要认真地告诉对方"我发自内心地爱你，信任你。但我希望你也爱我，信任我"，有时候向对方寻求帮助也很重要。

你和他之间最终必须构建的不是依赖关系，而是互相支持、互相分享感动的伙伴关系。其中一方单方面地向另一方撒娇、依赖的关系会很脆弱，无法长久持续。

如果你总是被别人依赖，照顾别人，那么希望你试着稍微停下脚步想一想。

- 你是不是想通过为别人发挥作用来证明自己存在的意义？
- 你照顾别人，是不是为了让对方不离开自己？
- 你取悦别人，是不是掩盖了自己真正的欲望？

如何？如果你觉得你符合其中的某一点，那你就需要注意。

为了成为恋人和配偶的"安全基地"，请给予对方无偿的爱，把对方当作一个成年人去给予他尊重、关怀。

给孩子安全的爱，
让他开拓自己的人生

父母成为孩子的"安全基地"本就理所应当，也不可或缺。

但不幸的是，很多案例中，因为父母没能成为孩子的"安全基地"，导致孩子在青春期以后出现各种各样的问题，也有些父母当孩子成人后在人生中遇到问题时，才对自己的育儿方式感到后悔。

如果父母意识到这一点并努力成为孩子的"安全基地"，这对孩子来说非常幸运。

我自己也是其中之一。

回顾我一直以来所采取的育儿方式，有很多地方令我感到后悔，想对孩子说声"对不起"。虽然孩子们那时已经长大，但我作为母亲还是拼命努力去成为他们的"安全基地"。

在很长一段时间内，作为母亲，作为一个人，尽管我屡屡暴露出弱点，陷入自我厌恶的情绪，但我依然不断跨越困难。

然而当我回顾过去时，我意识到正是那段修行般的时光促使我成长并克服"依恋障碍"。

我时常回想起一个场景。

某天我下班回家，像往常一样地批评女儿："这个为什么没做？"

于是，女儿沉默地站起来，面不改色地举起一个巨大的铅皮桶，然后把里面的水"哗"的一声浇到我头上——那个桶是用来给狗装饮用水的。

我气疯了，想向她飞扑过去。

但下一个瞬间，我的脑海里浮现出这样一种想法："女儿总是很成熟，至今为止都没反抗过，待人温柔，但她现在做出这种事，是不是我曾对女儿做过更过分的事情呢？如果只是因为我是母亲才这样做，那就太不公平了。"

的确，我那时非常忙，光顾着自己。

我没再和女儿谈过那件事，但那之后，我开始以谦虚的态度对待女儿。

那桶水似乎恰好让我幼稚的头脑冷静下来。

那样的事情不断反复，不知何时令我发自内心地对孩子们感到抱歉。

当然，一开始我觉得对孩子抱歉简直是屈辱，我甚至还哭了。

孩子们沉默地听着，然后我们之间的亲子关系慢慢地开始改善，最终孩子们能够靠自己开拓自己的人生。

现在我还有些自豪："这样的我也成了孩子们的'安全基地'啊！"

即使离婚，
也要让孩子继续拥有"安全基地"

父母离婚对孩子来说会成为很大的伤害。

但是，现在每三对夫妻中就有一对夫妻离婚，而且"为了孩子"不离婚对孩子来说也未必是好事。

重要的是，父母即便离婚也要坚定地做孩子的"安全基地"。

实际上，即便不和孩子一起生活，父母也能成为孩子的"安全基地"。

的确，青春期的孩子对离婚的父母态度大多比较严苛，因此有些父母会变得胆小，然后和孩子产生距离。孩子或许会不接电话，邮件和信息也不回……即便如此，父母也应该不断告诉孩子"学校怎么样？如果有什么事，无论何时都可以和我聊聊"。就算孩子嘴上说"啰唆""烦人"，他们也会因为父母在意自己而松一口气。

做父母没有"毕业"一说。一旦成了父母，至死都是父母。

即便是已经成人、自立的孩子，也一直在参考父母的生活方式。因此，父母要始终对自己的人生负起责任，一定要过得幸福。

孩子长大后，父母即便不再方方面面地照顾孩子，也一直作为"安全基地"在孩子的潜意识中发挥着作用。

父母离世后依然如此。在孩子的心中，爱自己、保护自己的父母还是会作为"安全基地"留下来，成为他们战胜人生困难的力量。

因此，成为孩子的"安全基地"这件事什么时候都不晚。

请务必注意，父母一方不要对孩子说另一方的坏话。

对孩子来说，父亲和母亲都是这个世上独一无二的。

他们是自己的分身，身上流淌着和自己一样的血。

孩子如果听到父母一方憎恨另一方，蔑视另一方，就会觉得"我不是个特别的存在"，而且还会觉得"父母如此互相憎恨，他们生下的我是个没必要存在的人吧！"

还有人常常在离婚后说"不知道为什么和这种人结婚，我就是个蠢货""本来也不太喜欢他，却结了婚"等，这对孩子来说非常残酷，相当于告诉他们，他们的存在本身就是个错误。

也有很多父母假惺惺地说："那个人虽然不好，但因为有了你所以结婚了，我不后悔。"但这也是把自己选择人生的责任推到了孩子的身上。

请不要这样做，一定要告诉孩子："很不幸，爸爸妈妈离婚了，但我们当初是真心相爱才结婚的。"单单这一句话就能提高孩子的自我肯定感，他们也能在今后将你当成"安全基地"来依赖。

宠物也懂情绪，如何给它安全感？

最近，越来越多的人认为"宠物也是家人，是我很珍惜的孩子"。

这非常棒。

从"依恋障碍"这个观点来看，我们会发现很多患者都饲养了好几只猫和狗。

我也是其中之一。也许是想从动物那里得到曾经没能从父母那里得到的爱吧，又或许是想将童年的自己投影到动物身上。

乍一看，你可能会觉得这是不是为了自己而在利用动物。但对动物倾注爱并负责任地养育它们，对克服"依恋障碍"非常有效。

不过，请务必要重视动物的心情和身体，力所能及地养育它们，这一点很重要。

因为"一个人生活很寂寞"等原因养动物，一天内长时间把动物独自留在家里，这属于人类的自私。另外，无视动物的习性和本能，一味强迫它们配合人类，这也不能称为"共生"。

狗、猫等动物和人类的孩子一样，也拥有细腻的情感和个性。另外，它们也和人类的孩子一样，信任并爱着如父母般的主人。即便遭到虐待或被主人交给救助站也依然如此，它们很喜欢主人，一直在等待主人。

以我做动物救助志愿者的经验来看，我可以断言所有猫猫狗狗都是如此。

动物最希望的就只是和你待在一起而已。

请体谅它们的这份心情，珍爱并看护它们一直到最后。

我觉得那才是抚养。

在这一章中，我们从各种角度出发谈论了"成为别人的'安全基地'"这个话题，正如我在这一章开头所说，爱比被爱更有力。

请你也一定要成为别人的"安全基地"。

第8章

找回自我，
修复童年伤痕

"依恋障碍"出现在人生的各个场景，
它会打碎人的梦想，有时甚至还会夺走
人活下去的力量。

但其实，我们的内心无法被任何人夺走，
也不受任何束缚。

在这一章中，我们将从灵魂层面来探讨
"活着的意义"，一起回顾生命和人生
的宝贵。

重建生命意义，寻回人生价值

好了，这本书终于来到了最后一章。

你也许会想，克服"依恋障碍"和"活着的意义"究竟有什么关系呢？

正如我们一直所说，人患上"依恋障碍"是因为在人生早期，除了健全地活着之外没能得到必需的爱，从而导致之后的人生产生了各种各样的障碍。因为除了活着，没有培养出必要的自信和信任，所以人常常感到无力和无为，还会觉得生活煎熬，怀疑自己存在的价值和意义。

很多"依恋障碍"患者都说"想过很多次消失""时常在想活着有什么意义""我觉得我这种人是不是不要出生更好"。

我曾经也是如此。

也就是说,"依恋障碍"可能会导致人的生存动力和积极性低下。

但作为心理咨询师,作为一个人,我活到这个岁数,清楚地知道了一点,那就是——每个人都有活着的价值和存在的意义。

所有生物皆如此。

不仅仅是我们人类,所有作为一条生命活着的生物都是珍贵的、必要的存在。

因此,我想在这一章谈谈"活着的意义"。

意义疗法：意义即为力量

意义疗法是指通过帮助患者找到自己"活着的意义"来治愈心病的心理疗法。它的创始人、精神科医生维克多·弗兰克（Viktor Frankl）是第二次世界大战时纳粹集中营的幸存者。他根据自身的悲惨经历提出了"活着的意义会变成让人活下去的力量"。

另外，同为精神科医生且曾罹患结核病、癌症的神谷美惠子终其一生都在劝说麻风病患者"具有活着的价值的人会活得更好"。

虽然我们平凡人达不到这些名人的程度，但我十几年前得了重病，决心去死之后，我的生死观彻底发生了改变。

当时身患重病的我只是一个劲儿地憎恨神佛，哀叹我的命运。

当我回顾我的人生时，我嘲笑了自己："完全就是以自己为主在活着嘛。"

我觉得"虽然听上去好像很伟大……但我一直都只是为了自己在活着，为了被爱，为了得到认可，为了变得幸福"。

"而这就是结果吗……"

之后发生了无法用科学证明的事情，我活下来了。

那之后，我的生死观发生了极大改变。"活着"这种感觉变成了"让我活下去"。

我是无神论者，有一种被别人赋予生命的感觉，本身就很不可思议。但我确实感觉到，自己被一股巨大的力量赋予了生命。

那时的经历促使我决心提供心理咨询服务，为了"更好地活着"和"更好地去死"。

与此同时，那也恰好成为我"活着的意义"之一。

重建依恋，找到人生的使命

诸如以上，在我活得十分愚蠢，差点儿丢了性命后，才终于找回了属于自己的人生。

但是，我的很多病患都比我幸运，他们如破茧成蝶般，比我更早地展翅飞向了崭新的人生。

实施"重建依恋疗法"时，为了了解活着的意义，有时需要探究灵魂层面的意识。

为什么这么说呢？因为通过探究灵魂层面的意识，一个人即便不直面死亡，也可以发现活着的意义。

假如我们人类并不是肉体这种物质性存在，而是以寄宿在肉体中的灵魂为本体……

现有科学尚且无法证明这一点，坦白地说，我自己也不知道到底有没有灵魂存在。但是，也没有证据能证明灵魂一定不存在，这也是事实。如此，我们也许可以说有一半的概率"存在灵魂"。

"重建依恋疗法"基于"灵魂是存在的"这个前提，采用各种各样的方法去关注灵魂的课题和人生的使命。通过这个疗法，现在已经有三千余人和我分享了灵魂的课题和人生的使命。

我从那段经历中懂得，我们每一个人都是为了学习自己和别人的灵魂而出生然后死去，而所谓的"学习"绝非夸张之词，而是简单到令人惊讶的东西。

寻找细小的喜悦，填补依恋空间

有关灵魂的课题，明明没有谁教过，明明宗教和籍贯也各不相同，但每个人都不约而同地全力做着相同的事情，并以之为灵魂的课题，这一点着实有趣。

具体来说就是，每个人都"为了让灵魂开心而竭尽全力地活着"。

灵魂开心必定包含"感到幸福""对社会有用""爱人和被爱"这几个关键短语。

首先，所谓感到幸福，并不是变得有钱和有名，而是"觉得自己有活着的价值"。

其次，对社会有用则是"不仅仅为了自己，更为了其他人而活着"。

最后，爱人和被爱的意思是"彼此感受到纯洁的爱"。

这些都属于灵魂层面的开心,如果要做课题,把这个作为目标似乎就能实现人生的使命。

当然,把这个作为目标去生活会有效促进克服"依恋障碍"。

也许我们可以说,感受幸福的诀窍在于试着寻找自己周围"细小的喜悦"。那可能是很有趣的事情,也可能是很开心的事情。

然后去"建立很多小目标",如果那些目标对其他人有所作用,那就会产生巨大的生命价值。

试着"感谢周围所有的存在"并思考"要给予什么回报呢"就是感受爱的第一步。

你又是怎样感受幸福的呢?

存在本身就是价值

读到这里,也许会有人觉得"我没有'活着的意义'这种荒唐的东西"。

但每个人活着都有意义,包括未被清楚意识到的。例如你周围可能有马克杯、圆珠笔、T恤衫等东西,对吧?

这些物品当然是因为你买了才会出现在那里。但是如果没有金属、塑料、木头等原材料,那就无法制成这些物品,还有筹集、设计、制作它们的人,以及把它们从工厂运往你购买地的人。

诸如此类,我们身边的所有物品都是因为很多人的力量而存在。

"因为我自己工作挣钱,所以我一个人就可以生活"的想法仅仅是经济性的，实际上，无论多有钱，仅靠自己一个人，也无法过上像现在这样便利的生活。

反过来，你自己也在以某种形式对社会做贡献。

即便因为某些理由不工作，靠某个人养着，你存在的本身也有可能成为某个人的生命价值。

对于把动物当作家人的人来说，尽管狗和猫不会产生任何经济价值，倒不如说费钱又费时间，但是他们觉得，动物只是活着就很值得感激。

你明白了吗？

是的，无论是哪种生物，都在不知不觉间和其他存在产生联系，互相帮衬着活着。

克服"依恋障碍"还是屈服于它，这取决于你

正如我多次所说，"依恋障碍"在人生的各种情况下都会把你带向与幸福相反的方向。

应该没有人不向往幸福。

可为什么至今为止，你屡屡低落，又总是受伤呢？你为什么总是没有安全感呢？你可能会哀叹社会的不公平，"为什么只有我这么倒霉呢……我的人生尽是不如意"等。但事实并非一定如此。

迄今为止，我通过工作见了很多人，其中有些人在所有人看来都很幸福且备受信赖和尊敬，但他们过去也都经历过某些苦楚。

不过，为了不产生误会，这个命题应该是"过去备

受苦楚的人并不一定会成为幸福、备受尊敬的人"。

我个人认为，在因为"依恋障碍"而十分辛苦的群体中，战胜这份苦楚的人比未遭受苦楚的人更能获得幸福。

精神成熟的人除了受人尊敬，在工作和恋爱等方面自然也更容易成功。

但是没关系。

只要有决心和周到的方法，任何人都能战胜"依恋障碍"，而曾经患有"依恋障碍"这件事会成为一种学习经验和人生的宝物。

你打算就让"依恋障碍"这么侵蚀你的人生吗？还是克服"依恋障碍"，让人生变得更丰富呢？

这取决于你。

因为爱,因为被需要

我有两个孩子和六只狗。

虽然有人会对"对自己的孩子和动物一视同仁……"备感惊讶,但对我来说,亲生孩子和动物真的完全一样。

虽然他们和它们的生物种类不同,生活方式也不同,但的确都是我的孩子。

我并不认为有了孩子就成了父母,而应该是因为养育了孩子才成了父母。

如今,我的六只狗都已经去了天堂,但它们将永远留在我的心中。

虽然人类的孩子也如此,但狗狗们教会了我不求回报的爱以及爱人的喜悦。我没想到为了其他存在而活着这件事会给予我如此强大的力量。

我的孩子们都已独立生活，最近，当我最后一只狗死去时，我感到"我人生的作用已经结束了"。

但是，六只狗还教会了我一件非常重要的事情。

我有一只名叫萨利的雌性金毛寻回犬，它是我成人后养的第一只狗，也是唯一一只从饲养员那里购买的狗。它爱撒娇，很喜欢人类，但讨厌其他狗，人类对它说的话它几乎都能听懂，非常聪明。

萨利长到七岁那会儿，我很害怕失去它，每天都悄悄地在它耳边对它低语："萨利，你要健康地活到十二岁哦。然后即便你重生了变了样子，也一定要来当我的家人哦。我们打勾勾。"

后来，萨利罹患癌症，在和病魔斗争一番后，于十一岁十个月时去世。

我感到了身体被撕裂般的痛苦。我难以忘记萨利临终时的模样，每天都无比后悔"如果做了那件事就好了""为什么我没再多陪伴它一点儿呢"等。

然后某一天，我的目光突然停留在洗手间里一朵用于装饰的花上。

"咦？这朵花是萨利离开时，花店店主因为卖剩下了,所以给了我很多的那个花吗……嗯?怎么还没凋谢?"

萨利离开时,我拿到了满满一箱花,那是一种剪下来的兰花,但几乎所有的花都在一周左右就枯萎了。

那时,我每天看着花一枝一枝减少,但只有这枝毫无枯萎之态,依旧开得很旺盛。

真是不可思议。

为什么这么说呢?因为萨利已经死去七个星期了。

我觉得十分不可思议,于是打电话给花店店主,店主说:"不应该啊。本来就是卖剩的花,应该一周左右就会枯萎了。您是不是弄错了呀?"

可萨利死后我没心情买花,也没有收到过花。

那时,女儿说:"妈妈,今天是萨利的生日哦。"

那一瞬间,我恍然大悟。

"这是萨利给我的信息呀。"

萨利的灵魂还清楚地记得我和它的约定呢——"要活到十二岁哦"。

很遗憾,萨利没能活到十二岁生日,它被病魔侵袭,内脏逐渐丧失功能,即便十分挣扎,但直到临终的瞬间,萨利也一直看着我的眼睛在努力坚持。最后我说:"萨利,可以不用坚持了哦。睡吧。"之后它立刻没了气息。

其他花朵渐渐枯萎,只有这朵小小的花继续绽放。

那就是萨利呀。

就像是萨利在对没能摆脱悲伤的我说:"妈妈也要努力活到最后哦。"

我摸着最后一朵花,呜咽着说:"萨利,谢谢你。妈妈知道了。妈妈也会像萨利一样努力活到最后的。你可以休息啦。"

第二天,那朵花就枯萎了。

也许这令人难以相信,但却是真的。

我和其他狗狗之间也发生过很多这种不可思议的小插曲。

动物孩子们教会我的是"作为生物,最大的课题就是坚定地活到生命的最后"。

活得更好、活得幸福、对某人有用……这些都是灵魂的课题。还有,"既然出生了,就要努力地活着……"虽然这句话很简单,但我觉得这也是正确答案。

为了那些需要你但还未出现的人们

我虽然在孩提时代没有得到父母的爱,但其实如果我留心,就会发现我身边萦绕着女儿、儿子还有宠物们的爱。

另外,我开始去心理咨询师培训学校讲课之后,觉得很多听课的学生就像我自己的孩子一样。

如果觉得"我这种人有活着的意义吗""我没有什么存在的价值"就什么都不做,只是哀叹命运,然后自暴自弃地活着……光是想想就毛骨悚然。

但是,那时的我并不知道,不知道有重要的存在在未来的某处等待着我。

如果你现在像过去的我一样,或是像我的病患们一样,苦恼于生活煎熬,既不相信自己也不信任他人……

那么,请相信。

相信你的未来。

相信你的未来有重要的存在在等着你,需要你。

即便你不出众、不强大,即便你尽数失败,你也已经非常努力地活着。

没有不会天亮的夜晚。

结 语
你的诞生和经历都具有"意义"

谢谢你读到了最后。

当我收到写这本书的提案时,我清楚地记得我的内心一下子涌现了两种情感。

一种是"'依恋障碍',迄今为止,我一直因此而烦恼着又学习着,所以我一定要写下来";另一种是"这个主题太痛苦了,何况我现在失去了孩子般的爱犬小大,我写不了"。

在我正式接受执笔本书前,我最爱的爱犬小大死去了。但不可思议的是,当我接到这个消息时,我正和母亲在一起,也就是导致我产生"依恋障碍"的源头。

我和母亲现在完全保持着成年人之间温和的关系,

但我内心可能还是有着很小的"拘泥的小石子儿"。

面对接受不了小大的死、十分慌乱的我，母亲一如既往地没有安慰我。

但是，她小声说道："对不起啊……光让你这么辛苦……"然后哭了。

时隔七年再见的妹妹也和母亲一样不会说什么甜言蜜语，但她静静地抚摸着我的背。

当然，我失去小大的悲伤丝毫没有减少。

但是我感觉到，我心中那些连我自己也未曾察觉的小石子儿逐渐消融了。

那时，女儿也什么都没有说，只是挨着我，陪我一起经历这毫无办法缓解的痛苦。

是的，来自家人的这种安抚成为我决定撰写本书的动力。

在此，我再次向出版社各位还有责编竹下先生表示感谢，谢谢各位给予尚不成熟的我撰写本书的机会。

我还想给予所有因为"依恋障碍"而苦恼的朋友以慰问，真心地为你们应援。

我想总有一天，你们一定会意识到，一个人出生以及经历人生都是有意义的，你是这个世上独一无二、无可替代的存在。

请多多去爱和被爱吧。

最后的最后,我想对我年迈的母亲说:

"对不起,女儿总是一副看起来很了不起的样子,不够坦率,我不曾听妈妈你说过一次别人的坏话。今后,我要更关注妈妈给予我的东西。"

献给我挚爱的女儿、儿子、爱猫小虎,以及六个去了天堂的宝贝狗儿。

中野日出美